중용,
조선을 바꾼 한 권의 책

중용,
조선을 바꾼 한 권의 책

백승종 지음

사우

그들은 왜
_ 중용에 열광했을까

1

『중용中庸』은 글자 수가 3천 500여 자에 불과하다. 양적으로만 보면 단출하다 못해 가볍기 그지없다. 이 책을 저술한 자사子思는 공자의 손자로서 맹자보다 훨씬 앞선 시대의 인물이다. 이 책이 출현한 것은 적어도 2400년 전이다. 정말 오래되다 못해 낡은 책이라고 할 수 있다.

그런데도 이 책에 대한 평가는 예나 지금이나 같다. 최고경영자(CEO) 중에는, 『중용』을 최상의 고전으로 꼽는 이들이 많다. "『중용』이야말로 최고의 수양 서적"이라며 일독을 권하는 경우를 쉽게 볼 수 있다. 이 책에 담긴 뜻을 조용히 음미하노라면, 마음이 저절로 가라앉고 내면이 순화된다는 것이다.

내게도 그런 경험이 있었다. 예컨대 『중용』에는 "사변독행思辨篤行"이라는 짧은 구절이 있다. 무슨 일을 하든지 깊이 생각하고 정확하게 판단한 다음 성실하게 실천하라는 뜻이다. 이런 글귀를 되풀이해서 읽고 그 뜻을 새긴 적이 있었다. 그러자 어느새 마음이 평온해졌다.

세상은 날마다 소란스럽고 우리의 일상은 별 의미도 없는 일로 분주하기만 하다. 마음에 뚜렷한 구심점이 없으면 세파에 휩쓸리기 쉽다. 이럴 때일수록 매사에 더욱 신중하고 허황되지 않은 목표를 세워, 꾸준히 노력해야 하지 않을까. 한 사람의 학인學人으로서 나는 되도록 외부의 간섭과 영향에서 벗어나 독립적인 삶을 영위하고자 애쓰는 편이다. 이런 나에게 '사변독행'은 꼭 필요한 행동강령이다.

조금 더 생각해보면, 이 말씀은 다른 분들에게도 도움이 될 것이 틀림없다. 기업을 경영하는 최고경영자나 국가의 장래를 좌우하는 중요한 정책을 입안하고 추진하는 이들에게도 도움이 되지 않겠는가. 최근 어느 은행장도 바로 그러한 취지의 글을 쓴 적이 있다. 대내외의 경제여건이 좋지 않기 때문에, '사변독행'해야 지금의 난관을 극복할 수 있겠다는 일종의 다짐이었다.

과연 『중용』은 우리에게 끊임없는 성찰을 요구한다. 그래서 이 책을 읽으면 내면의 자아가 조금씩 성숙해지는 느낌이다. 이 땅의 많은 최고경영자들이 『중용』을 사랑하는 데는 제법 그럴만한 이유가 있다고 생각한다.

2

이 책은 참 어렵다. 여간해서는 잘 씹히지 않는 딱딱한 귀리 빵과도 같다. 율곡 이이는 선비들이 읽을 책의 순서를 정하면서 『중용』을 맨 나중으로 미루었다. 공부에 뜻을 둔 사람이라면 우선 『대학』을 공부하라. 그런 다음 『논어』를 읽고, 그 뒤에 『맹자』를 보라. 그리고 마지막으로 『중용』을 공부하라고 권했다.

왜 그런가 하면, 초학자는 『중용』을 읽어도 뜻을 제대로 헤아리기 어렵기 때문이다. 유교의 기본 경전들 가운데서 형이상학적인 개념이 가장 많이 등장하는 것이 바로 『중용』이다. 그러나 속단은 금물이다. 『중용』을 추상적이고 고원한 책으로만 여겨서는 안 된다. 이 책에는 선비가 현실에서 실천해야 할 최선의 길이 제시되어 있다.

이 책의 핵심은 두 가지라고 볼 수 있다. 하나는 '중용'이요, 또 하나는 '성誠'이라는 개념이다. 과연 '중용'이 무엇인가에 대해서는 예부터 여러 가지 학설이 분분하지마는, 성리학을 집대성한 송나라의 주희朱熹는 이렇게 말했다.

중中이란 어느 한쪽으로 치우치지도 않고 기대어 있지도 않은 것이다. 이것은 지나치지도 않고 모자라지도 않은 것으로서 사람의 성품[人性]이 지극한 균형과 올바름[中正]을 얻은 상태다. 사물과 접촉하여 움직이기[感而動] 이전, 즉 인간 성품의 본래 모습[人性本然]을 가리킨다. 그럼 '용庸'은 무엇일까. 그것은 일상생활에 보이는 평소 그대로의 상태[平常]를 말한다.

한 마디로 '중용'이란, 사물의 본질에 닿아 있으면서도 가장 적절하고 평범해 보이는 사고와 행동이다. 가장 쉽고도 가장 어려운 것이 바로 중용을 지키며 사는 것이다.

항상 중용의 길에 나아가 인생을 값지게 살려면 어떻게 해야 할까. 그 마음도 정성스럽고[誠], 그 행동도 항상 정성스러워야 할 것이다. 누가 보든 안 보든, 언제 어디서나 오직 정성으로 가득할 때 '중용'의 경지에 도달할 수 있다. 옛사람들은 그렇게 확신했다. 우리에게 익숙한 표현, 즉 홀로 있을 때조차 삼가는 태도[愼獨]를 강조한 배경이다.

3

진지한 태도로 『중용』을 읽어본 사람은 다르다. 그래서일 것이다. 옛날에는 물론이요, 지금도 이 책의 매력에 푹 빠져 지내는 지식인들이 많다. 그 가운데 혹자는 중용의 뜻을 온 나라 사람들에게 설명하고, 일상의 삶에서 날마다 실천하기를 바라며 두꺼운 책을 쓰기도 한다.

사실 중용은 하루하루 되풀이되는 평범한 일상을 중시한다. 가장 높고 위대한 하늘의 명령[天命]이란 것도, 알고 보면 일상생활의 범주를 벗어나지 않기 때문이다. '중용'의 길은 일상에 대한 우리의 태도 안에 있다. 일상생활을 어떤 각오로, 어디에 우선순위를 두고 사느냐 하는 것이 중요하다는 뜻이다. 중용의 정신으로 가득한 사람은 조용하지만 힘차고, 유별나지 않으나 깊은 인간적 매력을 가지고 있다. 그런 점에서 나는 감히 중용을 논할 자격이 없다. 인간적으로 아직 닦아야 할 길이 멀고도 멀다.

그런 나이지만 『중용』과의 인연은 제법 깊다. 어릴 적에는 뜻도 모르면서 배웠고, 조금 나이가 들어서는 청년들을 붙들어놓고 감히 가르치기도 했다. 흔들거리는 만원 지하철 안에서도 꺼내 읽은 적이 많다. 무슨 근심이라도 있어 잠이 잘 오지 않는 밤이면, 어둠 속에서 몇 구절을 되새기기도 했다. 때로 이 책으로 인해 내 마음속에 환한 불빛이 켜지곤 했다.

4

나는 이 책을 어루만지면서 한 가지 생각에 잠길 때가 많았다. 책은 사람을 바꾸고 때로 세상을 바꾼다는 것. 이 공리公理를 두고두고 실감했다. 어떤 책은 실제로 그런 엄청난 힘을 가진다. 굳이 길게 설명할 필요도 없겠다. 카를 마르크스의 『자본론』이나 찰스 다윈의 『종의 기원』, 장-자크 루소의 『사회계약론』을 잠시 떠올려보기만 하면 된다. 만약 이런 책들이 없었더라면 어땠을까. 프랑스혁명도, 진화론적 사고의 확산이나 사회주의 혁명도 더 지체되었거나 또는 불가능하지 않았을까. 우리에게 익숙한 서양 근대사회의 모습은 이런 책들과 긴밀한 관계가 있다.

하필 서양 근대사회에서만 위대한 책들이 존재했을 리가 없다. 조선시대에도 사회적으로 큰 파장을 일으킨 책이 많았다. 긴 역사 흐름에서 볼 때, 『훈민정음』의 영향력은 이루 말할 수 없이 컸다. 성리학의 정수를 모은 『성리대전』의 역할도 대단했다. 그와 방향은 달랐으나 『정감록』이나 『천주실의』가 가져온 변화도 중요하게 평가되어야 한다.

당연한 말이지만 『중용』의 역할도 과소평가되어서는 곤란하다. 조선의 왕과 선비들은 다름 아닌 중용의 우주관 또는 세계관을 통해 세상을 바라보았다. 그들의 성리학적 사고는 이 한 권의 책자에 가장 집약적으로 표현되었다. 『중용』 제1장에는 다음과 같은 구절이 있다.

중화에 도달하면 천지가 제자리를 잡고 만물이 저절로 자라난다[致中和 天地位焉 萬物育焉].

천지만물이 제자리에 있어 마음껏 복을 누리는 최고의 경지가 바로 이것이다. 중용이 추구하는 목표는 한없이 높고 멀었다. 이 고지를 향해 조선의 뜻있는 왕과 선비들은 정진했다. 비록 그들이 뜻을 온전히 이루지는 못했으나, 그로 말미암아 세상이 몇 차례 달라졌다. 『중용』이 세상을 바꾼 것이었다.

5

이 책은 『중용』을 철학적으로 깊이 분석하고 해설하는 데 목적을 두지 않았다. 철학적인 논의를 외면하지는 않았으나, 서술의 주된 목적은 다른 데 있다. 이 한 권의 책이 조선 사회에서 과연 어떠한 역할을 했는지를 탐구하는 것이다. 내가 역사가인 만큼 이 책도 한 권의 역사서인 것이다. 한 손에 『중용』을 들고 떠나는 일종의 문화사 산책이라고 보아도 좋겠다.

선비들은 사회 변화에 따라서 또는 중요한 현안에 당면할 때마다 『중용』에서 새로운 답을 찾곤 했다. 『중용』은 당대의 현실에 어울리는 다양한 기능을 수행했다. 15~16세기의 선비들에게『중용』은 성리학적 통치철학의 정수를 제공했다. 16세기 조선 사회에서는 형이상학적 관심이 고조되었는데, 그때도 선비들에게 상상력의 날개를 달아준 것이 이 책이었다. 임진왜란을 겪은 뒤 조선의 기득권층은 새로운 이념을 지향했다. 예학禮學이 크게 일어난 것은 그 때문이었다. 선비들은『중용』에서 '예禮'의 중요성을 재인식했고, 자신들의 수양론과 앞 세대의 형이상학을 결합했다. 역시『중용』으로부터 사상적 토대를 얻었다.

예학의 대가로 꼽히는 사계 김장생은 일찍이『중용』의 성격을 한마디로 정리했다.

> 『중용』은『논어』와『맹자』등 다른 책과는 비교할 수 없다. 이 책은 처음부터 끝까지 막힘없이 체계적으로 서술되어 있다. 정미精微한가 아니면 조잡한가를 따질 필요도 없고, 수준이 높은지 낮은지를 논할 이유도 없을 정도다. 여러 학자들의 주장을 다양하게 인용한 부분까지도 무한히 너르며[費] 한없이 은밀한[隱] 점이 있다.
> (김장생,『사계전서』제4권,「김헌金爀의 문목問目에 대답함」)

유교의 고전이라면 보통 사서삼경四書三經을 말한다. 사서는『대학』,『논어』,『맹자』,『중용』이고, 삼경은『시경』,『서경』,『주역』(역경)이다. 그중에서도『중용』만큼 체계적이고 형이상학적인 책은 없다.『중용』은 경전들 가운데서 가장 늦게 편찬된 것이기도 하려니와 '이단'과의 사상투쟁에서 유교의 가르침[宗旨]을 변호하기 위해 저술된 것이라서 그러하다. 시공간을 초월하여 『중용』은 성리학적 이념을 옹호하는 데 가장 효과적인 도구였다.

18세기 이후 조선 사회에는 서구의 지식과 종교가 전파되기 시작했다. 사회는 엄청난 충격에 휩싸였다. 천주교의 영향으로 초자연적 존재에 대한 관심도 높아졌다. 그러자 선비들은 그 문제에 관한 자신들의 입장을 정리해야 했다. 그들은 『중용』이 천명한 성리학적 우주관을 토대로 하여 초자연적 존재란 무엇인지를 설명하고자 노력했다.

『중용』은 추상적이면서 일상적인 지식을 담고 있다. 조선의 지배층은 이 책을 통해 다양한 사회문화적 과제를 해결하려 했다. 그런데 그들은 시간이 흐를수록 이 책을 좀 더 보수적으로 해석하는 경향을 보였다. 안타까운 일이었다.

물론 새로운 흐름도 있었다. 18세기 이후 일부 선비들은 기존의 형이상학적 세계관을 비판했다. 수적으로는 소수였으나 그들의 주장은 영향력이 적지 않았다. 이익을 비롯해 홍대용, 이덕무 등이 바로 그 선구적인 지식인이었다. 그들은 완전히 새로운 방식으로 『중용』과 씨름했다. 그들은 다양한 관점에서 성리학적 세계관의 모순과 약점을 하나둘씩 폭로했다. 그들이 하나의 새로운 세계관을 완성하지는 못했으나, 멀고 험한 새로운 지적 여정을 시작했다는 사실은 경하할 일이었다.

6

이 책은 크게 다섯 부분으로 나뉜다. 1장에서는 『중용』이 각광을 받았던 15세기의 역사적 풍경을 검토한다. 세 가지 측면에서 살필 것인데, 우선 그 당시에 『중용』 전문가로 알려진 두어 명의 왕과 몇몇 신하들에게 주목했다. 그들의 노력으로 『중용』은 조선 사회에 성리학적 가치관을 확립하는 데 중요한 역할을 수행했다.

또 하나, 15세기 후반에는 경연에서도 『중용』이 큰 주목을 끌었다는 점이다. 특히 성종 임금은 경전에 정통한 신진사류를 등용하기 시작했다. 왕은 신진사류를 이용해 기득권층인 훈구파를 견제하려했다. 이러한 시도는 연산군 때에 이르러 역풍을 맞았다. 두 차례의 사화士禍가 일어나 조정을 혼란에 빠지게 했던 것이다.

나머지 한 가지 과제는 중종 때의 사정을 검토한 것이다. 반정反正으로 왕이 된 중종은, 다시 신구세력 간에 균형을 잡으려 했다. 훈구파와 조광조를 비롯한 신진사류가 충돌하게 된 배경이다. 그들은 『중용』을 해석하는 데 있어서도 상당한 입장 차이를 보였다.

이런 사실을 하나씩 되짚어봄으로써, 우리는 조선의 정치·문화적 특징을 더 깊이 이해할 수 있을 것이다.

2장에서는 『중용』이 조선 사회를 어떻게 바꾸었는지를 구체적으로 탐구할 작정이다. 무엇보다도 16세기에 요원의 불길처럼 타올랐던 형이상학에 대한 열광이 『중용』에서 촉발되었다는 점을 알아보겠다. 이어서 17세기의 사상계를 불행에 빠뜨린 사건, 즉 '사문난적斯文亂賊'에 관한 시비도 『중용』과 밀접한 관계가 있었다는 점을 알아본다. 끝으로, 조선 사회의 중요한 특징이었던 '군사君師'의 존재도 이 책과 긴밀한 관계가 있었음을 파헤친다. 영조와 정조는 백성 앞에 임금이자 스승으로 군림했다. 그들은 중용이 추구하는 이상정치의 실현을 앞당기려 한 것이었다. 한 마디로 『중용』은 다양한 측면에서 조선 사회를 변화시킨 힘이었다.

3장에서는 『중용』의 역사적 성격을 한층 깊은 차원에서 검토할 생각이다. 우선 이 책의 유래를 검토할 것인데, 잘 모르고 있던 몇 가지 사실이 밝혀질 것이다. 『중용』의 유래는 우리가 막연히 짐작하는 것보다 훨씬 복잡하다.

이어서 『중용』의 특징 또는 근본적인 성격에 대해서도 검토할 것이다. 자세히 들여다보면, 이 책에는 해석하기 곤란한 구절이 많다. 그중에는 끝끝내 해결하기 어려운 난제들도 있다. 이런 문제들을 살피다 보면 선비들이 경전으로 여긴 『중용』에도 적지 않은 결함이 있었다는 사실이 드러난다.

그럼에도 불구하고 조선의 선비들에게 『중용』은 가장 권위 있는 책이었다. 그들은 변화하는 시대적 요구에 부응하기 위해 이 책을 다시 펴들 때가 많았다. 그들이 발견한 답은 때로는 진취적이었으나, 때로는 구태의연한 것이었다.

4장에서는 『중용』을 정확히 이해하기 위해서 선비들이 어떤 노력을 기울였는지를 검토할 것이다. 이야기는 17~18세기를 중심으로 전개된다. 먼저 백호 윤휴의 경우가 주목을 끈다. 그는 개성이 뚜렷한 선비라서 주희의 『중용장구집주』와는 결이 다른 새로운 『중용』을 편찬하기에 이르렀다. 한 시대를 충격에 빠뜨린 그의 저술은 과연 어떤 점에서 새로웠을까. 어렴풋이나마 그의 사상적 특징을 스케치하고 싶다.

알다시피 윤휴는 거센 비판과 탄압을 받았다. 하지만 선비들의 지적 호기심과 도전정신은 결코 사라지지 않았다. 18세기의 실학자 성호 이익이 좋은 본보기였다. 그는『중용』을 실증적이고 비판적인 방법으로 재검토했다. 그의 연구는 선비들이 수백 년 동안 떠받들어오던『중용』의 신화에 균열을 일으켰다.

그렇다고 해서『중용』에 대한 전통적인 해석이 물거품처럼 사라진 것은 아니었다. 정조가 던진 40여 개의 질문에 대해 당대의 지성으로 평가되는 다산 정약용이 제출한 시험 답안지를 읽어보면 알 수 있다. 전통을 고수하려는 지배층의 완강한 저항과 그에 맞선 진보적인 선비들의 미묘한 갈등이 감지되는 대목이다.

마지막으로 5장에서는『중용』의 내용 해석에 무게를 둔다. 특히 세 가지 관점에서『중용』에 관한 공부를 계속할 것이다. 우선 17세기의 큰선비 조익의 글을 통해『중용』에 관한 총체적인 지식을 얻는다. 이어서 강화학파의 거두였던 하곡 정제두의 심층적인 해석을 경청한다. 끝으로, 18세기 후반 어전에서 펼쳐진 정조와 시골 선비 박사철의 대담을 살펴본다. 이를 통해 조선의 지식인들이 가슴속에 간직한『중용』의 의미를 파악할 수 있을 것이다.

조선시대에도 세상을 변화시킨 책은 많았다.『중용』은 그중 하나였다. 500년 동안 이 책을 두고 펼쳐진 선비들의 토론을 경청하고 그들의 성찰과 사색의 실마리를 추적하다 보면, 역사의 도도한 흐름이 한 폭의 풍경화처럼 우리 눈앞에 펼쳐진다. 오랜 세월에 걸쳐 형성된 지적 유산을 바라보는 즐거움을 함께 누릴 수 있기를 바란다.

7

나의 노력에 비하면 이 책에서 거둔 성과는 대수롭지 않을지도 모른다. 그럼에도 이 책이 나오기까지 도움의 손길을 베풀어준 이들이 많았다. 시간을 거슬러 올라가 『중용』에 관한 열정으로 소중한 문헌을 후세에 남긴 선비들이 적지 않았다. 또 귀중한 문헌을 번역해 동료와 후학의 연구에 말없이 기여한 여러 분의 숨은 노고도 잊을 수 없다. 그리고 까다로운 연구 주제를 천착하여 주옥같은 업적을 낸 많은 선학과 동료 및 후배들의 도움도 잊을 수 없다. 이 모든 이들에게 진심으로 감사의 인사를 올린다.

사우출판사는 언제나처럼 조악한 나의 원고를 기꺼이 한 권의 책으로 만들어주었다. 원고를 정성스럽게 다듬어준 편집부의 노력과 정성에 충심으로 감사드린다.

항상 미소와 인내심으로 연구와 집필을 응원해주는 든든한 버팀목, 사랑하는 나의 가족에게 이 책을 바친다.

2019년 여름
평택 석양재石羊齋에서 백승종

1

성리학의
시대가
열리다 —23

2

중용은 조선을 어떻게 바꾸었나 —75

3

중용은 어떤 책인가 —130

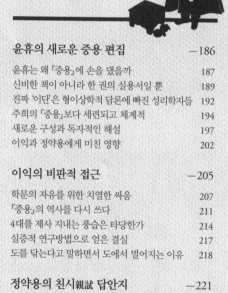

中庸

성리학의
시대가
열리다

01

중용을 사랑한 사람들
15세기 중용 바람이 불다
중용을 해석하는 양떼 정치세력의 관점 …

고봉 기대승은 16세기의 이름난 선비다. 그는 『중용』을 읽고, 거기에 묘사된 이상세계를 동경하는 마음에서 한 편의 시를 썼다.

> 퍼지기 전이 중中이요, 퍼지고 나면 화和라오[未發爲中發是和]
> 힘써 조금씩 이루면 효과가 매우 많으리[着功推致效偏多]
> 성품[性]이란 하늘이 주신 것, 본래 어디에도 기울지 않았네[性緣天賦元
> 非倚]
> 뜻[情]이야 사람 하기에 달린 것, 도리어 고르지 않다네[情在人修却不頗]
> (『고봉속집』 제1권, 「치중화를 읊다[詠致中和]」의 한 구절)

넉 줄의 시에 불과하지만, 『중용』의 핵심이 잘 요약되어 있다. 우선 기대승은 중화中和를 두 단계로 나누었다. 즉 마음이 표현되기 이전과 표현된 이후의 상태다. 마음이 표현되기 이전의 고요하고 편향되지 않은 상태를 중中이라 하고, 그것이 표현된 이후에도 사물과 가장 조화로운 상태에 도달한 것을 화和로 이해한 것이다. 또 중화中和의 효과란 조금씩이라도 꾸준히 노력해야 한다는 점을 강조했다. 아울러 하늘이 사람에게 부여한 성품은 똑같은데도 사람마다 기질이 다르기 때문에 차이가 날 수밖에 없다는 사실도 지적했다.

두말할 나위 없이 기대승은 중용의 세계관을 그대로 받아들인 선비였다. 그만 그랬던 것은 물론 아니다. 그의 스승 퇴계 이황은 물론하서 김인후와 율곡 이이, 우계 성혼 등 조선의 큰선비들도 다르지 않았다. 조선 사회는 『중용』이 제시한 가치관으로 통일되었다고 해도 과언이 아니다. 거기서 벗어난 경우가 오히려 드물었다.

그럼 조선 사회가 『중용』의 가치에 주목한 것은 언제였을까. 15세기 초 태종 대였다. 그때부터 서서히 『중용』의 인기가 높아지기 시작했다. 한 권의 책자가 국가적 현안을 좌우할 만큼 큰 영향력을 행사하기까지는 상당한 시간이 필요했다. 세종 대를 거치면서 『중용』을 비롯한 유교 경전에 관한 연구가 비약적으로 발전했다.

15세기 후반 조정 안팎에는 중용 전문가가 많았다. 세조처럼 스스로 중용 전문가를 자처하는 임금이 있었고, 성종처럼 학문적 토론을 즐기는 임금도 나왔다. 성종의 치세 동안에는 신진사류, 곧 『중용』과 같은 성리학 서적에 정통한 성리학자들의 진출이 눈부셨다. 그 뒤를 이어 등장한 연산군은 학문 수련을 거부한 채, 신진사류를 겨냥해 사화를 일으켰다. 그는 기득권층의 비호 아래 가까스로 권력을 유지했으나, 결국 친위 쿠데타를 만나 좌초하고 말았다.

중종을 옹립한 이는 정국공신靖國功臣들이었다. 그들은 연산군의 비호를 받으며 권력과 부를 누리던 사람들이었다. 중종과 그들의 관계는 이중적이었다. 왕은 공신들의 정치적 후원에 의존할 수밖에 없는 처지였으나, 그들의 전횡을 막기 위해서 신진사류와 손을 잡았다. 조광조를 비롯한 신진사류가 조정에 다시 진출하게 된 배경이다.

정국공신들은 그 시대의 기득권 세력으로서 정치사회적 개혁을 원하지 않았다. 그들은 왕을 압박하여 이권을 챙기는 데 주력했다. 이 점이 중종으로서는 상당한 불만이었다. 그래서 정국공신들과 이념적으로 대립되는 개혁세력, 곧 신진사류를 등용할 기회를 엿보았던 것이다. 만약 두 세력이 조정에서 서로 견제하는 가운데 중종의 지지를 받기 위해 충성경쟁을 벌인다면, 그것이야말로 중종에게는 금상첨화일 것이었다.

조정에 진출한 조광조 등은 중종에게『중용』과 같은 경전을 진지하고 철저히 학습하기를 요구했다. 그들은 단시간 내에 중종을 군사君師로 만들어 왕도정치를 실현하고자 했다. 하지만 그것은 중종의 바람도 아니었고, 더구나 공신세력이 원하는 바는 더더욱 아니었다.

1519년(중종 14) 왕은 공신들과 함께 기묘사화를 일으켜 신진사류에게 철퇴를 가했다. 조광조의 후예들은 오랫동안 조정에서 쫓겨나 초야에서 수신제가에 힘쓰는 한편, 후학을 양성하는 데 전념했다. 그들은 은인자중하며 세력을 키워 조정에 복귀할 날을 기다렸다.

명종 말기에 이르러 중앙의 판도가 달라졌다. 외척이 물러나고 신진사류에게 유리한 국면이 조성되기 시작했다. 신진사류가 하나둘씩 조정으로 돌아왔다. 이후 16세기 중반, 선조가 즉위하자 수년 만에 조정은 신진사류로 가득 찼다. 이로써 15세기 초부터 약 150년 동안 되풀이되어온 신진사류의 진퇴가 마무리되었다. 바야흐로 성리학의 전성시대가 도래했다.

아래에서는 성리학의 전성시대가 착실히 준비되고 있던 시절의 이야기를 해볼까 한다. 주제는 세 가지다. 첫째,『중용』을 가장 애호한 왕과 신하들이 누구였는지를 검토할 것이다. 15세기에 주안점을 두고, 탁월한 중용 전문가로 손꼽힌 두어 명의 신하들과 세조의 언행을 살펴본다.

둘째, 성종 대는 참으로 성리학 열풍이 거셌다. 중용뿐만 아니라 성리학 전반에 대한 지식과 이해 수준이 껑충 도약했다. 그때 그 시절의 경연에 우리가 주목하는 것은 당연한 일이다.

끝으로, 『중용』이라는 한 권의 책에 대한 해석은 정치적 입장에 따라 달랐고, 그들이 관심을 가진 구절 역시 달랐다. 그 점도 우리의 눈길을 끈다. 조광조를 비롯한 이른바 '기묘당'의 입장은 훈구파라 불리는 공신들과는 거리가 멀었다. 이 또한 『중용』의 역사적 역할을 규명하려는 우리로서는 지나칠 수 없는 대목이다.

중용을 사랑한
사람들

조선에는 중용의 대가들이 많았다. 얼른 떠오르는 이름만 해도 여럿이다. 조선 초기의 선비로 권근이 있었고, 중종 대에는 김식과 조광조가, 그다음에는 김인후, 이황, 이이에 이어, 김장생, 조익, 송시열, 김창흡, 김창협, 이직보 등이 한 시대를 빛냈다. 그와 방향을 달리하는 이익, 이덕무, 윤휴, 정제두, 이규경도 우리가 기억해야 할 선비들이다. 이상정, 홍대용, 정약용, 윤기 등의 학자도 빼놓을 수 없다. 임금들 중에서도 세조와 성종을 비롯해 『중용』을 애호한 이가 한둘이 아니었다. 영조와 정조는 당대 최고의 석학이라 불러도 무방할 것이다. 아래에서는 15세기에 초점을 맞춰 『중용』을 사랑한 왕과 선비들에 관한 이야기를 해보고자 한다.

태종 이방원, 『중용』에 주목하다

『조선왕조실록』을 읽다가 한 가지 흥미로운 기록을 발견했다. 이야기는 1403년(태종 3) 9월 22일로 거슬러 올라간다. 그날 경연에서 태종은 『중용』을 읽었다. 왕은 고려 말기에 문과에 급제한 수재였다. 천성이 총명하고 배우기를 좋아하는 데다 부지런했다. 왕은 글을 읽는 데도 미리 시간표를 짜서 철저히 학습하는 편이었다.

그 무렵 태종은 『십팔사략』이라는 중국 역사책을 공부했다. 역사 공부가 대강 마무리되었다고 판단한 왕은, 유교 경전을 더 본격적으로 공부하고 싶다고 했다. 그리하여 경연관 김과金科에게 유교 경전의 근본적인 성격을 잘 보여주는 책이 무엇인지를 물었다. 성리학의 근본을 먼저 알고 싶다는 것이었다.

김과는 신중한 선비였던지 감히 대답하지 못했다. 태종은 깊이 생각한 끝에 스스로 결정했다.

> "정일精一과 집중執中은 제왕帝王의 학문이라. 과거의 지혜를 배우는
> 것[溫古]은 『중용』과 『대학』으로부터 시작하겠노라."
>
> (『태종실록』, 태종 3년 9월 22일)

다들 그렇게 믿었다. 성리학의 핵심은 『중용』과 『대학』에 담겨 있다고 말이다. 그중에서도 태종은 먼저 『중용』부터 공부하기로 작정하고 즉각 실행에 옮겼다. 이후 그의 자손으로서 왕위에 오른 이라면 누구나 경연에서 감히 『중용』을 빠뜨릴 수 없었다.

『중용』은 경연의 필수서적이었다. 임금은 해서체로 반듯하게 쓴 책자를 가지고 공부했다. 그러나 이체異體로 쓰인 책자도 궐내에 소장되었다. 1547년(명종 2), 각종 전서체에 탁월했던 박영朴詠이 무려 서른세 가지의 전자篆字로 제작한『중용』을 궐내 문무루文武樓에 보관했다. 희귀성 때문에 이 책은 별도로 다섯 벌을 더 만들어 임금에게 바쳤다(『명종실록』, 명종 2년 7월 19일). 아마도 명종은 자신이 총애하는 신하들에게 선물로 주었을 것이다.

중용 전문가들의 등장

변계량卞季良은 태종에게『중용』과『대학』의 전문가를 육성하자고 제안했다. 그러나 태종은 거부했다. 전문 영역을 너무 좁게 설정하면 공부에 큰 도움이 되지 않을 거라고 염려했기 때문이다. 그러나 세종은 변계량의 의견을 중시하여 권채權採에게 특별한 명령을 내렸다. 이후 권채는 무려 3년 동안『중용』과『대학』만 파고들었다. 그런 다음『논어』와『맹자』를 깊이 연구했고, 이어서 오경五經의 공부도 게을리 하지 않았다.

세종은 권채를 고무 격려하며, 두보杜甫의 시와 한유韓愈 및 유종원柳宗元의 시문에도 능통하기를 주문했다(『세종실록』, 세종 12년 5월 18일).

알다시피 세종 대는 다방면에 걸쳐 전문가들이 양성되었다. 왕의 지속적인 후원에 힘입어, 수학에 뛰어난 김담과 이순지 등이 활약했다. 음악에 두각을 나타낸 박연, 어학에 탁월한 신숙주 등도 임금의 총애를 받았다.

　세종의 증손인 성종도 학자들을 몹시 사랑했다. 성종은 학문에 뛰어난 선비들을 뽑아 그들과 어울려 글을 읽고 토론하기를 즐겼다. 그중에서도 성균관 사성 장계이張繼弛는 『중용』에 해박했다. 1475년(성종 6) 5월 1일, 성종은 원임 재상 홍윤성에게 명하여 장계이의 실력을 시험하게 했다. 장계이는 어떤 질문에도 전혀 막힘이 없어, 보는 이를 놀라게 했다(『성종실록』, 성종 6년 5월 1일).

　그 밖에도 성종 대는 유진과 김응기가 『중용』과 『대학』에 탁월해 이름이 높았다. 김응기는 중종 초년까지도 경연에서 경학의 실력자로서 높은 평가를 받았다.

　어느 시절인들 유교 경전에 탁월한 선비가 없었겠는가마는 특히 융성했던 시기가 따로 있었다. 조선 전기를 통틀어 전성기를 손꼽으라면 단연 세종의 치세가 최고였다. 내 좁은 소견이 아니라, 성종 대 조정 대신들의 공론이 그러했다.

　1476년(성종 7) 10월 8일, 경연에서 여러 신하들이 당대의 학풍을 평가했다. 그들의 견해에 따르면 『중용』과 『대학』 같은 성리학 서적은 오랫동안 깊이 연구한 사람이 아니면 감히 거론할 수가 없다고 했다. 결코 쉬운 책이 아니란 의미다.

　동부승지 홍귀달의 진술에 따르면, 세종 대에는 인재를 선발할 때 경전에 대한 지식을 기준으로 삼았다. 누구나 조정에 진출하려면 경학에 힘써야 하는 분위기였다. 그 결과 이극배李克培와 같은 훌륭한 전문가가 배출되었다. 그런데 문종 대부터는 제술製述(문장력) 위주로 인재를 선발해 『대학』이나 『중용』에 능통한 사람이 눈에 띄게 줄어들었다.

성종은 뛰어난 학자를 기르기 위해 세종 대에 못지않게 많은 노력을 기울였다. 1478년(성종 9) 제도를 완비하여 홍문관을 최고의 학술 및 언론기관으로 키웠다. 이에 점필재佔畢齋 김종직金宗直 등 성리학에 정통한 신진사류가 홍문관을 중심으로 새로운 정치세력으로 떠올랐다. 김종직의 후예들은 이른바 사림파로서 당시 기득권층(훈구세력)과 대립하며 조선 사회의 면모를 새롭게 했다.

경학이 발달함에 따라 세종 대는 중용의 정신으로 국정 현안을 처리하자는 견해가 등장했다. 정확히 말해, 1440년(세종 22) 1월 14일의 일이었다. 예조에서는 재혼의 도덕성을 판단하기 위해 여러 경전을 참고했는데, 근거를 다름 아닌 『중용혹문집석中庸或問輯釋』에서 발견했다. 이 책의 주석에서 남전여씨藍田呂氏는 주장하기를, 무릇 남편 된 이는 아내와 사별했을 경우 반드시 3년이 지난 다음에 재혼하는 것이 법도라고 못 박았다.

당시에는 아내를 잃고 겨우 100일도 지나지 않아 재혼하는 경우도 많았다. 앞으로는 이를 절대로 허락하지 말아야 한다는 것이 예조의 견해였다. 물론 예외가 없지는 않았다.

가령 부모의 명령으로 부득이 재혼하게 된 경우라든가, 나이가 마흔이 넘었는데도 슬하에 자녀가 없을 경우에는 예외를 인정했다. 그 경우에는 배우자를 잃은 지 1년 뒤에도 재혼할 수 있게 하자고 했다. 세종은 예조의 제안을 받아들였다(『세종실록』, 세종 22년 1월 14일).

불교와의 이념적 갈등

고려시대까지도 불교는 우리나라의 국교였다. 조선 왕조가 성리학을 국시國是로 정했다고 해서 하루아침에 불교의 세력이 퇴락한 것은 아니었다. 태조는 물론이고 세종과 세조 등은 불심이 깊었다. 세종의 조정에서 불교세력을 대표한 이는 김수온金守溫이었다. 그의 형은 명승 신미信眉로서 세종의 총애가 여간 두텁지 않았다. 그리하여 김수온은 수양대군(후일의 세조) 및 안평대군과 함께 여러 불서를 번역했다. 대궐 안에서 불교 행사가 있을 때면, 김수온은 사복시 소윤 정효강과 함께 참여하여 합장하고 경經을 외우며 염불을 했다. 설법을 하는 경우도 많았다.

김수온은 불교의 공덕을 찬양하며 『대학』과 『중용』 같은 성리학 서적은 『법화경法華經』이나 『화엄경華嚴經』의 미묘한 경지에 미치지 못한다고 발언했다. 여러 대군들이 김수온의 말을 옳게 여겨 그에게 이조의 높은 벼슬을 제수해야 한다고 주장할 정도였다(『세종실록』, 세종 30년 9월 8일).

당시 조정에서는 김수온과 정효강의 처사를 못마땅해 하는 선비들이 적잖이 있었다. 그러나 왕실의 비호가 워낙 두터워 감히 크게 문제 삼지 못했다. 실록에는 김수온 등 친불세력을 비방하는 기사가 여러 군데에서 발견되지만, 문종 대까지도 그에게 어떠한 직접적인 제재도 가하지 못했다. 관료사회에 불교와 유교의 갈등이 내재했던 것은 엄연한 사실이다. 그런 가운데 15세기 중반까지도 궁궐을 비롯한 지배층 사이에서는 불교적 세계관이 크게 위축되지 않

세종 대 불교세력을 대표한 김수온의 영정.
조선의 관료사회에는 유교와 불교의 갈등이 내재해 있었다.

은 채 명맥을 유지하고 있었다.

심지어 조정 대신이었던 정인지조차 김수온과 같은 생각을 가지고 있었다. 사석에서 그는 『능엄경楞嚴經』을 칭송하면서 『중용』을 비방했다. 요컨대 저자인 자사가 그릇된 주장을 폈다고 말했다. 이 발언이 문제되어 정인지는 한때 곤경에 빠지기도 했으나, 별탈없이 지나갔다. 1458년(세조 4) 2월 14일의 일이었다.

세조, 신하들에게 『중용』을 가르치다

그러나 세상은 바뀌고 있었다. 청년시절부터 불교에 깊은 관심을 가졌던 세조도 유교 경전 공부를 소홀히 하지는 않았다. 특히 세조는 『중용』을 애호했다. 1459년(세조 5) 7월 12일자 실록을 읽어보면, 왕은 여러 신하들을 불러 모아놓고 직접 『중용』을 강론했다. 그 자리에는 성균관 직강 이영은, 승문원 부교리 정효상, 세자사경 이숙감, 성균관 주부 이극균, 인수부승 민수, 성균관 학유 김종석 등 젊은 문신들이 참석했다.

그로부터 열흘 뒤에도 세조는 다른 정무를 마친 다음에 정효상 등 8인의 젊은 문신을 대궐로 불러들여 몸소 『중용』을 가르치면서 문답을 주고받았다.

이런 일은 갑자기 생긴 것이 아니었다. 그보다 이미 20일쯤 전에 세조는 신하들에게 이렇게 말했다. '여러 해 동안 애쓴 결과 무사들은 어느 정도 훈련이 완비되었다. 문신들의 공부도 소홀히 할 일이 아니다. 젊고 민첩한 문신들은 『중용혹문中庸惑問』을 읽으라. 내

김은호, 「세조 어진 초본」과 인장(동그라미 표시 부분) 국립고궁박물관 소장.
세조 역시 조선의 다른 왕들처럼 유교 경전 공부를 등한시하지 않았고, 특히 『중용』을 애호했다.

가 몸소 강론하겠노라. 아울러 『예기』도 중요하다. 일상 행동에 필요한 지식이 모두 기록되어 있어서다. 힘써 배우지 않으면 안 될 것이다. 하건마는 선비들이 제대로 공부하지 않는 경우가 있다. 먼저 『중용』을 공부하고, 그다음에 예기를 읽으라.'(『세조실록』, 세조 5년 6월 12일)

심지어 세조는 무신들에게도 『중용』 공부를 강요했다. 한 번은 정사를 본 다음 연회를 베풀었는데, 그 자리에 참석한 무관 황사장을 불러 무슨 책을 공부했는지를 물었다. 그가 사서四書와 일경一經을 공부했다고 대답하자, 세조는 『중용』의 수장首章에 나오는 '천명지위성天命之謂性(하늘이 명하는 바를 성이라 한다)'이라는 구절의 뜻을 물었다. 아울러 이理와 기氣 가운데 무엇이 앞서고 무엇이 나중인지를 말해보라고 했다. 황사장은 아무 대답도 하지 못했다.

세조는 평소에도 "사람이 배우지 않으면 금수와 무엇이 다르랴?" 하며 무인들도 어느 정도는 글공부를 해야 한다고 강조했다.

세조는 『중용』에 등장하는 이기설理氣說에도 상당한 관심을 가졌다. 사관史官인 방귀원에게도 이와 기의 선후를 물었다. 방귀원은 태초에는 이理(이치)가 먼저지만 하늘과 땅이 나누어진 다음에는 기氣(기운)가 먼저라고 대답했다.

세조는 그에게 이치에도 선악이 있는지를 물었다. 방귀원은 이치에는 착하지 않은 것이 없다고 대답했다.

그러자 세조는 또 물었다. 만일 이치가 선하다면 사람마다 왜, 지혜와 어리석음의 차이가 있는지 설명하라고 주문했다. 방귀원은 그것은 저마다 기질이 다르기 때문이라고 차분히 설명했다. 그러면서 노력 여하에 따라 어리석은 사람도 지혜롭게 되고, 나아가 군자가 될 수 있는 법이라고 했다.

세조는 대단히 만족해하며, "유자儒者가 아니면 이렇게 대답하지 못한다"라고 칭찬했다.

이 밖에도 세조는 승정원 주서 권율을 불러 이기理氣에 관해서 물었고, 『중용』의 한 구절을 예로 들어 '역亦'이란 글자의 문법적인 기능을 따져 설명하라고 요구했다.

나는 세조가 당대의 큰선비에 버금갈 만큼 학식이 풍부하고 성품 또한 고매했다고 믿지 않는다. 그러나 그도 어린 시절부터 학문을 장려하는 대궐에서 성장했던 만큼 상당한 교양을 갖춘 것이 분명했다. 고려 왕실을 비롯한 한반도의 역대 왕가와는 확연히 구별되는 조선 왕조의 특별한 모습이었다.

왕이 『중용』을 공부하는 법

우리나라 최초의 서원은 백운동서원이다. 주세붕은 1542년(중종 37) 경상도 풍기에 서원을 짓고, 동방에 성리학을 전파한 안향安珦을 추모했다. 그 5년 뒤 홍문관 부제학으로 승진한 주세붕은 명종에게 상소하여 『중용』의 공부법을 자세히 논했다. 상소문을 요약하면 다음과 같다.

『중용』은 뜻이 깊고 은밀하여 처음 배우는 이는 쉽게 알지 못합니다. 이 책의 요점은 첫째 장章에 들어 있습니다. 살피는[存省] 방법이라든

경상북도 영주시에 있는 소수서원.
우리나라 최초의 서원으로, 동방에 성리학을 전파한 안향을 추모하기 위해 풍기군수 주세붕이 지었다.

중용, 조선을 바꾼
한 권의 책

지, 공부의 효과[功化]가 크다는 점도 자세히 말했습니다. 천명天命이 부여된 이치도 서술되어 있습니다.

전하는 매사에 생각을 시작하기 전부터 삼가고 두려워하여 마음을 지키고 기르는[存養] 공부를 도탑게 하고, 처음부터 늘 삼가 성찰하시기 바랍니다. 모든 일에 중간[中]을 잃지 말고, 사물과 접촉할 때는 조화[和]를 도모하십시오. 그리하면 천지가 제자리를 잡고 만물이 잘 자랄 것입니다.

상소를 읽고서 명종은 다음과 같이 대답했다.

"근년에 흉년이 잇따르고 재앙이 자꾸 나타났다. 최근처럼 심한 경우가 없었다. 내가 어리고 영민하지 못한 까닭이 아닐까 한다. 두려운 생각이 많으나 내 정성이 부족해 하늘이 감동하지 않은 것 같다. 그저 걱정만 많을 뿐이다. 상소에서 꺼낸 말들은 매우 옳다. 비록 내가 명철하지 못하기는 하지만 반드시 유념하겠다."

(『명종실록』, 명종 2년 5월 4일)

제왕학의 필수 교재

세자들도 이 책을 열심히 배워야만 했다. 부왕 태종이 『중용』을 제왕학의 중요한 교재로 생각했던 만큼 세자 양녕대군도 당연히 『중용』을 제대로 익혀야 했다. 1416년(태종 16) 9월 7일, 세자빈객 변계량이 세자에게 『중용』을 가르쳤으면 좋겠다고 말했다. 태종은 기꺼이 허락했다. 왕의 대답이 이러했다.

"옛날부터 자식은 서로 바꿔서 가르쳤다. 세자는 나이도 이미 많아서
내가 직접 가르칠 수 없노라. 경 등이 『중용』을 가르쳐 그 뜻도 통하고
배운 내용과 마음이 하나가 되게 하라."

그런데 양녕대군은 공부를 등한시했다고 한다. 반면에 충녕대군
(후일의 세종)은 학문을 좋아했다. 세자를 가르치는 빈객들은 마음이
편치 못했다. 그들은 세자를 가르치는 서연書筵에서 일부러 충녕대
군을 칭찬하여 세자의 공부를 북돋우려 했다고 한다.

변계량은 현명한 신하로서 태종의 신뢰가 컸다. 때문에 세자의 교
육도 변계량에게 의뢰했던 것인데, 양녕대군의 공부가 충녕대군보
다 많이 부족해 마음고생이 상당히 컸던 것 같다.

세자의 공부 이야기가 나왔으니, 공부할 책의 순서도 간단히 알
아보자. 우선 『대학』을 익히고, 그다음에 『중용』을 배우는 것이 순
서였다. 늦어도 성종 대는 그렇게 정착되었다.

세자가 글공부를 하는 방법은 초야에서 선비들이 배우는 것과 차
이가 있었을까.

내가 발견한 자료는 조선 후기에 작성된 것이지만 참고할 점이 적
지 않으므로 여기에 소개한다. 17~18세기의 선비 옥오재玉吾齋 송상
기宋相琦의 발언이 흥미롭다(송상기, 『옥오재집』 제11권, 「왕세자가 서연
에서 중용을 펼쳐놓고 강론하는 것이 합당한가에 대하여[王世子書筵中庸臨
講當否議]」 참조).

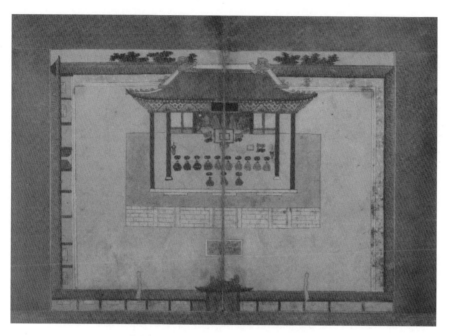

「경현당 어제어필 화재첩」, 서울역사박물관 소장.
1741년 영조가 사도세자를 참석시킨 가운데 경연을 시행하는 모습.
세계 어느 나라에도 조선처럼 엄격한 제왕학 수업은 없었다.

본래 서연에서는 배운 글을 돌아앉아서 외우도록 했다. 서연관들은 그날 그날 세자의 성적을 채점표에 기록하여 엄격하게 관리했다. 특히 유교 경전인 경서는 역사서와 달라서 내용만 적당히 이해하고 말면 공부에 효과가 없는 것으로 보았다.

"독서할 때는 외우는 것이 중요하다." 이것이 송나라 이후 성리학자들의 일관된 입장이었다. 따라서 송상기는 세자가 먼저 책을 외운 상태에서 강론하는 것이 옳다고 주장했다. 책을 보고 읽으면서 채점표를 작성하면 본래의 취지가 무색해진다고 했다. 임금의 경연에서는 경전을 보면서 논의하는 것이 당연하지만, 세자에게는 훨씬 철저하고 엄격한 교육을 요구했던 것이다.

세자 시절은 누구에게나 쉽지 않은 시간이었다. 양녕대군이나 사도세자 같은 이들은 학문에 뜻이 없었기 때문에 고난이 더욱 심했고, 나중에는 파국을 맞았다. 왕이라 해서 반드시 선비와 같이 경전에 능통해야 할 이유는 없다고 생각할 수도 있는데, 조선에서는 예외가 인정되지 않았다.

세계적으로 비교해보아도 다른 나라에는 조선의 서연 또는 경연에 해당하는 교육제도가 존재하지 않았다. 이웃나라인 일본과 중국에서도 조선처럼 엄격한 제왕학 교실은 찾아보기 어렵다. 성리학으로 인해 조선 왕실은 특별한 분위기를 자아냈다. 어렵기로 이름난 『중용』은 조선 세자들의 얼굴에 깊은 주름살을 만들었다.

15세기
중용 바람이 불다

조정의 분위기는 점차 달라졌다. 15세기 후반이 되면 유교 경전을 기준으로 매사를 결정했다. 특히 신진사류들이 진을 치고 있던 대간, 곧 사헌부와 사간원이 그러했다. 성종은 잇속에 밝은 기득권층, 곧 훈구파를 견제하고자 신진사류를 적극적으로 후원했다. 그 시대에는 경연이 부쩍 활기를 띠었고, 조선 사회는 성리학적 이상에 한발 더 가까이 다가선 느낌이었다. 그러나 연산군 때가 되면 조정 분위기는 침체되고 만다. 왜 그랬을까. 『중용』의 역사를 조용히 읽노라면, 역사의 흐름이 파노라마처럼 우리의 눈앞에 펼쳐진다.

왕의 유언이나 법보다 더 중요한 책

1451년(문종 1) 4월, 사헌부는 임금에게 의미심장한 상소를 올렸다. 중용의 정신에 따라 임금이 관리 임명권을 독자적으로 행사하기를 촉구하는 내용이었다. 그 주장을 간추려보자.

인재를 등용할 권리는 임금의 고유한 권한이다. 만약 임금에게 인사권이 없다면 벼슬을 얻으려는 선비들은 그 권한을 가진 대신이나 종친 또는 환관에게 들러붙어 아부할 것이 뻔하다. 『중용』에서도 말했듯, 벼슬을 사양하는 것은 칼날 위를 걷는 것만큼이나 어려운 일이기 때문이다.

과연 『중용』을 펼쳐보면, 제9장에 그런 취지의 글이 적혀 있다. 나라를 공평하고 균등하게 다스리기도 어렵고, 관직과 봉록을 사양하기도 어려우며, 날 선 칼날을 밟는 것도 어렵다. 그러나 중용에 나아가기는 더욱 어렵다는 것이다.

사헌부는 왜 이런 상소를 올렸을까. 구체적인 배경이 궁금해진다. 그 당시 문종의 인사권 행사에 문제점을 드러낸 사건이 하나 있었다. 경상도 성주목사 자리가 비자 왕은 김순을 성주목사로 임명했다. 그런데 별다른 이유도 없이 목사가 곧 한서룡으로 바뀌었다. 얼마 뒤에는 또다시 목사 후보가 달라졌다. 그야말로 갈팡질팡했다.

일찍이 대간은 이를 문제 삼은 적이 있었다. 문종의 변명은 궁색하기 짝이 없었다. "그대들의 말이 옳으나 대신의 말에 따라 그렇게 처리했다." 왕의 변명을 듣고 나서 사헌부의 우려는 더욱 깊어졌다. 임금이 인사권을 제대로 행사하지 못하고 있다는 점이 분명히 드러났기 때문이다.

사헌부의 상소가 거듭되자 문종은 화를 냈다. 그 일은 이미 끝난 것이니 왈가불가하지 말라고 했다. 왕은 한 걸음 더 나아가 승정원 승지들에게 명을 내려, 이런 상소는 앞으로 보고할 필요도 없다고 했다(『문종실록』, 문종 1년 4월 14일).

후대에는 『중용』을 근거로 국가의 정책을 결정하는 일이 더욱 잦았다. 1454년(단종 2) 12월, 경연에서는 태종의 묘실廟室에 관한 논의가 있었다. 생전에 태종은 종묘에 두게 될 자신의 묘실을 매우 작게 만들었다. 세종은 그 묘실이 협소하다고 느꼈으나 부왕의 유언을 존중해 확장하지 않았다. 그러나 단종의 경연관들은 『중용』 제18장에 언급된 제왕의 사당 짓는 법을 절대적 근거로 내세웠다. 그들은 묘실의 증축이 당연하다고 말했다. 『중용』에는 성현의 말씀이 오롯이 담겨 있으므로, 태종의 유언이나 한 나라의 법전 이상의 강력한 구속력을 가진다는 것이다. 단종의 경연관들은 그렇게 확신했다.

성종, 늦은 밤까지 『중용』을 공부하다

성종 대는 왕과 신하들이 성리학을 굳게 신봉하는 단계에 이르렀다. 그들은 『중용』 공부에도 박차를 가했다. 때로는 늦은 밤까지도 경연을 계속했다. 1477년(성종 8) 12월 7일 저녁, 왕은 시강관 유진俞鎭을 불러들여 늦게까지 『중용』을 공부했다. 성종은 왕위에 오르기 전부터 유진이 자신에게 『중용』을 친절하게 잘 가르쳐준 사실에 깊이 감사하며 학구열을 불태웠다.

유진은『중용』을 비롯한 성리철학에 정통했다. 그는 줄곧 성종의 경연에 나아가 여러 가지 의견을 내놓았다. 한 번은『중용집석中庸 輯釋』에 근거해 노자의 윤회설을 비판했다. 1478년(성종 9) 3월 18일 의 일이었다.

유진이 언급한『중용집석』은 원나라 때 간행된 책이다. 해석하기 어려운 낱말 풀이와도 같은 사전 성격의 책으로 내용이 충실하기로 정평이 나 있었다. 훗날 명나라 때 간행된『사서대전四書大全』의 토대 가 되었다고도 한다. 유진을 포함한 조선 선비들은 이런 양서를 소장 하고 있어 마음껏 이용했다. 당연히 그들의 학문은 수준이 높아졌다.

성종은 학식이 높은 신하들을 불러모아 마음껏 토론하는 것을 즐 겼다. 1482년(성종 13) 11월 15일에도 그러했다. 조정의 여러 대신들 과 젊고 유능한 시강관들이 한자리에 모였다. 홍응, 노사신, 이극 배, 서거정, 허종, 이파는 노성老成한 선비들이요, 성균관 사예 김수 광 등 5명은 젊은 선비들이었다.

성종은『중용』과『대학』에 관해 그들이 단체로 토론하는 모습을 보고 싶다고 했다. 그러자 노사신이 한 가지 제안을 내놓았다. 대신 들이 물으면 예조판서 이파가 대답하는 식으로 진행하면 좋겠다는 의견이었다.

대신들은『중용』에 나오는 성性, 도道, 교敎에 관해 잇따라 질의했 다. 매번 이파가 능수능란하게 대답하지는 못했다. 그럼에도 성종 은 이파를 격려하면서, "예조판서가 아니면 이렇게 대답할 수 없다" 라고 했다.

이어서 홍응 등은『중용』과『대학』이 서로 안팎이 되는 이유를 따

「성균관친림강론도」.
왕이 성균관에 행차해 유생들이 공부하는 상황을 살피고
경서에 대한 강의와 문답을 실시하는 장면.

졌다. 알다시피 『대학』은 제왕학의 핵심이라 불릴 정도로 통치철학에 초점을 맞춘 책인 데 비해, 『중용』은 그 이면을 깊이 파고들어 인격을 수양하는 길을 제시했다. 특히 인간이 천명天命에 부합하는 삶을 추구해야 한다는 점을 강조했다. 이어서 홍응은 여러 가지 유교 경전을 두루 인용하며 격물치지格物致知의 깊은 의미를 따졌다. 『중용』에 언급된 이기理氣의 선후 문제도 점검했다. 이어서 천문과 물시계, 달력과 주역 등에 대해서도 서로 묻고 답했다. 이 모임은 날이 저물어서야 끝났다.

그 연회는 노래하고 먹고 마시며 춤추는 그런 자리가 아니었다. 성종 치세에는 학문의 향연이 성대하게 베풀어질 때가 많았다. 조선이 화려한 귀족의 나라에서 선비의 나라로 바뀌어가는 과정에 성종만큼 기여한 왕은 드물었다.

왕은 신하들이 두 편으로 나뉘어 토론을 벌이는 것도 좋아했다. 한 가지 예를 들어보자. 1486년(성종 17) 11월 12일, 성종은 창덕궁 선정전에 있었다. 높고 낮은 여러 신하들도 함께였다. 정창손, 윤필상, 홍응, 이극배, 서거정, 이극증, 어세겸, 이숭원, 이봉, 이극돈, 노공필, 김작, 유순, 김자정, 김승경, 박안성, 김종직 등이었다.

20명 가까이 되는 그들이야말로 당시 조정의 중추적 인물들이었다. 어전에서 그들은 동편과 서편으로 나뉘어, 한편이 물으면 다른 편이 답했다. 일종의 집담회였다. 이렇게 서로 번갈아가며 토론하는 방식은 성종의 제안에 따른 것이었다.

신하들은 『중용』을 첫머리에서 마지막 장까지 훑어 내려갔다. 중요한 철학적 개념들을 일일이 규명했다. 이어서 중국 역사를 두 가지 관점에서 토의했다. 첫째는 임금과 신하들의 잘잘못을 가리는 일이요, 둘째는 선비들이 조정에 나아감과 물러남[出處]의 옳고 그름을 판단하는 것이었다.

이 토론에도 금기 사항이 없지는 않았다. 요샛말로 현대사 논쟁은 피했다. 다루기가 조심스럽기 때문이었다. 그날 토론에서는 당나라의 측천무후 때까지만 거론했다. 임금과 신하들이 서로 어울려 묻고 답하느라 여념이 없었다. 해가 완전히 기운 뒤에야 토론회가 마무리되었다.

경연장의 뜨거운 토론 주제

경연에서는 『중용』의 주요 개념을 집중해서 검토하기도 했다. 가령 충서忠恕(충성과 용서)가 무엇인지를 깊이 토론했다. 1492년(성종 23) 2월 4일 경연에서였다. 그 무렵 성종은 『중용혹문』을 공부했다. 알다시피 경연에서는 책 한 권을 골라 여러 달 동안 충분히 학습했다.

제13장에 이르러, 참찬관 안침安琛이 발언했다. 안침은 당대의 큰 선비로서 이 장의 핵심인 충성과 용서에 관해 깊이 있는 논의를 펼쳤다. 아래에 간단히 소개한다.

"충서忠恕의 도리[道]는 선비뿐만 아니라 임금님도 깊이 생각해야 마땅합니다. 그 도리는 세 가지가 있는데, 해야만 되는 경우가 있고, 하지 않아도 되는 경우도 있으며, 저절로 되는 경우도 있습니다."

안침은 인간의 일상생활에 다양한 측면이 있다는 점을 충분히 고려했다. 때문에 '충성과 용서'도 경우에 따라 다르게 적용된다는 점을 강조한 것이다. 아리스토텔레스 같은 고대 그리스의 철학자라면 어느 경우에나 부합하는 객관적 기준을 마련하려고 애썼을 것이다. 그러나 안침을 비롯한 동아시아의 성리학자들은 달랐다. 그들은 경우에 따라서 대응방식이 달라질 수 있다는 상황적 또는 상대적인 해법을 강구했다.

안침의 설명이 계속되었다. "천도天道는 끊임없이 변화하지만 저마다 성명性命을 바르게 만드는 것은 하늘의 충서입니다. 순수하고 억지를 부리지 않는 가운데 작은 것은 작게 이루고, 큰 것은 크게 이루는 것이 성인의 충서입니다. 자신의 마음을 미루어서 남에게 미치는 것은 공부하는 선비의 충서입니다."

안침의 이런 설명이 서구의 근대 철학에 익숙한 현대인에게는 낯설 것이다. 그가 주장하고자 한 것은, 내가 보기에 이런 뜻이었다. 즉 모든 상황을 판단하는 절대적이고 객관적인 기준이란 없다는 것이다. 행위자로서 '나'는 오직 '나'의 양심에 비추어 상대의 처지를 넉넉히 헤아려야 한다고 보았다. 결과적으로 '나'의 적응방식은 그때그때 상황에 따라 달라지겠지만, 순리에 맞는 적절한 대응법이 되리라는 낙관적인 전망이었다.

"『중용』 제1장에 보면, 중간[中]과 조화[和]를 이루면 천지의 자리가 잡히고, 만물이 변화하고 길러진다고 하였지요. 또 이르기를, 대본大本이며 달도達道라고 하였습니다. 생각하건대 중간은 천하의 대본입니다. 조화는 천하의 달도입니다. 따라서 중간과 조화는 모두 충서에 관한 것입니다."

여기서 안침은 제13장과 제1장을 하나로 연결시켰다. '충성과 용서'의 마음으로 사물을 대하면, 그것이 곧 성리학의 이상인 '중화'에 이르는 길이라는 주장이었다. 안침만 그렇게 생각한 것은 아니었다. 대개의 성리학자들이 같은 생각이었다.

"따라서 임금님은 충서의 도리를 다하여 천지가 자리 잡히고 만물이 자라고 변화하는 효과를 거두셔야 합니다. 『대학』의 여러 조목 가운데서 수신修身 이상은 충성에 관계되며, 제가齊家 이하는 용서에 해당합니다."

이 부분은 설명이 조금 필요할지도 모르겠다. '수신' 이상이란 가정을 다스리고[齊家], 나라를 통치하는 일[治國], 나아가 세상을 평안하게 하는 일[平天下]이다. 자기 한 사람의 몸과 마음을 다잡는 것으로는 부족한 일이다. 그렇기 때문에 안침은 충성, 곧 마음과 힘을 모두 쏟아 붓는 노력이 필요하다고 해석했다. 그가 말한, '제가' 이하란 자기 한 몸을 닦고[修身], 마음을 바로잡으며[正心], 뜻을 정성스럽게 하는 일[誠意]이다. 이러한 덕목을 실천하려면 무엇보다도 마음을 굳세면서도 너그럽게 다스리는 일[恕]이 필요하다고 보았다. 이렇게 말하고 보면 수신과 제가는 '충서'의 두 가지 덕목에 모두 해당한다. 선비로서 가장 노력해야 할 부분이었다.

"『대학』의 치국평천하治國平天下 장章에서는 '혈구지도絜矩之道'를 설명했습니다. 자신을 척도로 삼아 남을 헤아리는 것, 이것은 곧 충서의 본질을 밝힌 것입니다. 임금님이 된 사람은 충서의 도리를 다해야 하는 법입니다. 일찍이 송나라의 선비 진덕수도 충서는 모든 일의 근본이라고 말했습니다." (『성종실록』, 성종 23년 2월 4일)

처음 이런 글을 읽는 독자로서는 잘 이해가 안 될지도 모르겠다.

앞에서 설명했듯, 안침과 같은 성리학자들이 보기에 수신과 제가에 힘쓰는 것이 무엇보다 중요한 일이었다. 여기서는 그 방법을 구체적으로 설명한 것이다. 나도 이러저러한 어려움이 있으니, 다른 사람들도 그러하리라는 이해심을 가져야 한다는 뜻이다. 세종은 바로 이러한 '혈구지도'에 밝았기 때문에 신하들의 마음을 움직일 수 있었다. 안침은 성종 또한 장차 그렇게 되기를 바랐을 것이다.

이렇듯 성종 대의 경연은 단순히 경전을 읽고 해석하는 차원이 아니었다. 진리를 깊이 탐구하는 학문의 수련장이었다.

젊은 성리학자들의 과격한 주장

성리학에 정통한 젊은 문신들은 점차 과격한 주장을 내놓았다. 그들은『경국대전』에 명시된 국가기관이라 해도『중용』의 근본정신에 비추어 철폐할 것은 과감히 철폐하기를 요청했다. 1492년(성종 23) 1월 12일의 경연에서였다.

때마침『중용』의 귀신장鬼神章을 다루고 있었다. 성종은 재위 기간 중 경연에서 적어도 네댓 차례는『중용』을 반복해서 학습했다. 그날 시독관 이달선은 도교식 제사를 담당하는 소격서昭格署를 문제 삼았다.

그의 말은 이랬다. "선유先儒들은 불교와 도교에서 초자연적 존재(귀신)를 섬기는 것이 잘못이라고 보았습니다. 우리나라는 불교를 숭상하여 믿지 않지만 스님을 공양하는 비용이 많이 듭니다. 게다가 소격서는 도교를 위한 기관으로서 송나라 때 노자를 천제天帝로 삼아 제사 지낸 것과 한 가지입니다. 이는 상제上帝를 속이는 것이며, 올바른 도리[正道]에 어긋납니다."

집의 이예견은 이달선의 의견을 수용해, 스님들에게 도첩度牒을 시행해야만 절간으로 몰려드는 사람의 수를 줄일 수 있다고 주장했다.

헌납 정탁은 그 당시 군사의 수가 감소한 이유를 도첩제의 부실에서 찾았다. 도첩을 받은 사람만 승려로 인정하는 제도가 제대로 시행되지 않아 협잡이 일어난다는 것이었다. 정포正布(고운 베) 50필을 납부한 경우에만 도첩을 내준다면 절간으로 몰려드는 승려 지망생이 크게 줄어들 것이라고 전망했다.

성종은 신하들의 의견을 듣고 자신의 생각을 정리했다. "소격서에서 제사를 지내는 것은 과연 옳지 않다. 그러나 예부터 내려온 것이 아닌가. 하루아침에 그만둘 수는 없다."

그 자리에 있던 대신들은 불교와 도교에 대한 거부감을 토로했다. 성종은 그런 의견에 동조하면서도 신중론을 폈다.

"절간의 승려도 내게는 백성이다. 소란스럽게 해서는 안 된다. 임금 된 도리는 백성을 편하게 하도록 힘쓰는 것이 아니겠는가."

그럼에도 이달선은 끝끝내 불교와 도교의 무익함을 주장했다. 특진관 한한 역시 같은 취지로 도첩제를 강화할 것을 요구했다. 성종은 도첩제를 강화하기 위해 새 법을 만들 수는 없다고 했다. 법이란 언제나 폐단을 불러오기 마련이므로 우선은 현행법을 잘 지키는 것이 중요하다고 했다.

성종은 과격하기 짝이 없는 신진사류의 견해도 기꺼이 경청했다. 그러나 대대로 내려오는 법과 제도를 일시에 바꾸기는 쉽지 않다고 판단해, 혁신적인 결정은 미루기 일쑤였다.

왕의 재위 기간은 26년가량 이어졌다. 세월이 흐를수록 성종이 조정에 불러들인 신진사류의 숫자도 늘어났고 그들의 영향력도 점점 커졌다. 성리학의 이념에 충실한 신진사류는 삼사의 언관言官으로서, 기득권층인 훈구세력을 호되게 비판할 때가 많았다. 그들이 훈구세력을 적절히 견제하는 상황은 성종이 진심으로 원하던 바였다.

이에 따라 신진사류의 정치적 위상이 높아졌다. 그러자 이에 고무된 유생들도 국정 현안에 대해 적극적으로 목소리를 내기 시작했다. 1492년(성종 23) 12월 6일 성균관 생원 오익신 등은 목소리를 높여 대신들을 압박했다. 대신들이 불교 승려에 대한 통제를 소홀히 하고 있다는 비판이었다.

유생들의 논조는 과격했다. "맹자가 말씀하시기를, '위세가 높음을 두려워 말라'고 하였습니다. 신 등이 살피건대 영의정이 임금님을 간사한 말로 인도하므로 분하고 원통함을 참지 못하겠습니다."

"전하께서는 대신만 소중하게 여기십니까? 그래서 신 등의 말을 지나치다고 여기시는 것입니까? 그러나 유교를 높이는 것이 전하의 책임입니다."

"승려를 금지하라는 명령을 다시 시행하십시오. 그렇다면 대신을 지나치게 비판한 죄는 신 등이 달게 받겠습니다."

이처럼 과격한 상소문이 접수되자 성종은 긴장했다. 왕은 무엇보다도 국가의 기강을 염려했다.

"내가 그대들의 뜻을 안다. 그러나 상소를 올린 유생들이 어찌 고금의 이치에 통달하고 일의 본질을 안다고 하겠느냐. 그대들이 학문을 안다면 『중용』에서 말한바, '대신을 공경한다'는 구절도 보았을 것이다."

"대신을 존중하는 것이 내 뜻이다. 그대들은 내가 대신을 존중하는 줄을 알면서도 대신을 모욕하는구나. 이것이 과연 옳은 일인가?"

말년의 성종은 조정 대신에 대한 신진사류의 비판이 도를 넘었다고 여길 때가 많았다. 그가 바라던 것은 신구 세력의 균형이었다. 그러나 신진은 신진대로 훈구는 훈구대로 한 치의 양보도 없이 자신들의 권력만 키우려고 했다. 성종은 신구 세력의 갈등을 조절하느라 고심이 많았다. 다행히 그의 재위 기간 중에는 양 진영이 극단적으로 충돌하지 않았다. 아직 사화士禍는 일어나지 않았다.

성종의 경연장과 연산군의 경연장

성종의 옥좌를 물려받은 이는 연산군이었다. 본래 공부에 취미가 없는 임금이었다. 사실 다른 나라 같으면 전혀 문제도 안 될 사안이었다. 그러나 조선 왕조에서는 달랐다. 신진사류는 연산군을 심하게 비판했다. 그들은 경연에 나아가 왕에게 『중용』과 『대학』을 진지하게 공부하라고 당부했다.

1500년(연산군 6) 11월 29일, 사헌부 장령 김물은 이렇게 말했다. "『중용』과 『대학』은 성리性理를 논한 책입니다. 마음을 바르게 하고[正心] 몸을 닦는[修身] 근본입니다. 낮에도[晝講] 밤에도[夕講] 공부를 게을리 마소서."

사람의 기질과 습관이 하루아침에 바뀔 수는 없다. 연산군은 끝내 경연을 귀찮게 여겼다. 특히 신진사류의 간언을 매우 싫어했다. 그래서였겠지만 그의 재위 기간에는 사화가 두 번이나 일어났다. 때로는 신진사류를 일망타진하려 했고, 때로는 자신의 뜻에 맞지 않는 기득권 세력까지도 조정에서 몰아내려 했다. 그는 결국 폭군으로 낙인찍혀 친위 쿠데타를 당했다. 이른바 중종반정이 일어나 왕좌에서 쫓겨났다. 이것은 물론 나중의 일이었다.

연산군이 일으킨 두 번째 사화는 이른바 갑자사화였다. 왕은 자신의 생모 윤씨가 폐출된 것을 문제 삼아 조정의 훈구세력 일부를 제거했다. 이 기회에 아직 명맥이 살아 있던 신진사류를 완전히 박멸하다시피 했다. 신진사류라 함은 김종직의 제자들이었다. 김일손과 김굉필 등 정통 성리학자들의 학맥을 가리킨다. 1504년(연산군 10) 5월 4일, 연산군은 사화를 일으키며 자신의 조치를 합리화했다. 그때 연산군의 교서教書를 보면 『중용』의 한 대목이 인용되어 있다.

"『중용』에서 말하였다. 대신을 공경하고, 여러 신하들을 내 몸처럼 여기라 했다[敬大臣 體群臣]. 나는 평소에 승지들이 임금의 혀와 목구멍 같은 위치에서 몹시 수고한다고 여겼다. 그들을 아끼고 잘 대접하지 않은 적이 없었다. 재상과 대간들도 역시 존대하였다. 하건마는 그들은 그렇지 아니하였다. 대간은 궁중의 비밀스러운 일까지 감히 들먹였다. 김일손의 무리는 무엄하게도 들은 말이면 가리지 않고 다 기록하여 무도한 말이 많았다. 이것이 어찌 용서할 일인가."

"나를 돌보아주면 임금이요, 나를 학대하면 원수다[撫我則后 虐我則讎]라고 했던가. 나는 그들을 재상과 대간으로 대우하였으나, 그들은 도리로 나를 섬기지 않았다. 때문에 이렇게 죄를 준다. 요즘 풍속이 좋지 않다. 내가 온 마음을 다해 바로잡으려 하는데도 나쁜 버릇이 아직 사라지지 않았다. 앞으로는 재상이나 대간이라도 이런 잘못이 있으면 죄를 주어 용서하지 않으리라."

『연산군일기』, 연산군 10년 5월 4일)

그때 사헌부와 사간원, 홍문관에는 몇 명의 신진사류가 아직 언관으로서 직임을 다하고 있었다. 조정의 주류는 물론 훈구세력이었다. 때문에 연산군은 숙청 대상 가운데 '재상과 대간'이라 명시했다. 연산군은 『중용』의 '구경설' 가운데 두 구절을 발췌하여, 자신이 대신을 존중하고 신하를 아끼는 왕이라고 스스로 치켜세웠다. 그러나 정말 그랬다고 믿을 사람은 거의 없었다.

물론 실록의 기록이라고 해서 반드시 믿을 만한 것은 아니다. 기록은 주관적이다. 기록자의 구구한 변명 또는 자기합리화일 경우가 대부분이다. 역사가는 한시도 기록을 떠날 수 없으나, 기록의 포로가 되지 않도록 경계해야 할 것이다.

특히 연산군이나 광해군처럼 쫓겨난 왕에 관한 기록은 더욱 조심해서 읽어야 한다. 기록자들이 그들의 언행을 흠잡으려 할망정 두둔하려 애쓴 흔적은 전혀 없기 때문이다. 그래서 나는 연산군이나 광해군의 행적에 대해서는 가급적 판단을 보류했다.

하지만 망설일 필요가 없이 빤한 경우도 있다. 가령 연산군은 경전 공부를 등한시했다는 사실 같은 것이다. 1507년(중종 2) 10월 23일자 실록 기사를 읽다가 한 가지 흥미로운 점을 발견했다. 시독관 최숙생의 발언이다. 그는 자신의 경험담을 털어놓았다.

"소신小臣은 성종 대 경연관으로 항상 임금님을 곁에서 모셨습니다. 경연 때 임금님의 말씀이 친절하셨습니다. 신하들을 상대할 때는 늘 조용하고 온화하셔서 아버지와 아들 사이 같았습니다. 신하들이 모두 아버지처럼 우러렀고, 위아래가 화목하였습니다."

"폐주[연산군]는 달랐습니다. 경연에서 신하를 상대할 때 묵묵히 한 마디의 말도 없었습니다. 때문에 신하들이 승냥이나 범처럼 두려워하였습니다. 결국 (반정이라는) 화란禍亂이 오고야 말았습니다."

앞에서도 살폈듯 성종은 신하들과의 토론을 즐겼다. 그는 학문을 사랑했고 신하들을 격려하며 그들의 학덕을 배우려 애썼다. 자연히 조정 분위기가 화기애애했다. 정치구조상 신구 세력 간에 대립과 갈등은 있었으나 파탄에까지 이른 적은 한 번도 없었다.

성종의 아들 연산군은 달라도 너무 달랐다. 연산군은 경연을 싫어해 속생각을 단 한 마디도 드러내지 않았다. 연산군은 대간의 노골적인 비판과 뼈아픈 조언을 회피하다 못해 증오했다. 그는 기득권층의 이익을 보장해주며 무사안일을 추구했다. 그러다 여론이 악화되자 기득권층마저 그에게서 등을 돌려 비참한 말로를 맞았다.

우리의 이야기 주제는 『중용』이다. 하지만 이 한 권의 역사를 추적하다 보면, 뜻밖에도 조선의 정치, 사회, 문화사의 흐름이 시야에 들어온다.

중용을 해석하는
양대 정치세력의 관점

1510년대의 훈구파라면 중종반정으로 권세를 쥔 사람들이다. 박원
종, 유자광, 성희안 등으로 대표되는 정국공신 및 그 추종세력을 가
리킨다. 반면에 '기묘당'은 조광조와 김식을 비롯한 신진사류다. 기
묘년, 즉 1519년(중종 14)에 숙청된 한 무리의 선비들이라서 후대의
역사 기록에서 그렇게 부르는 경우가 많았다. 그들은 대체로 김굉
필, 김일손, 김종직의 학통을 이어받은 선비들이었다. 그들은 성종
대부터 점차 조정에 진출하여 성리학적 이상정치를 추구했다. 그러
나 그 과정에서 기득권 세력인 공신집단과 갈등을 빚었다.

조선 초기의 공신들도 성리학을 학습했다. 그중에는 경전 해석에
탁월한 능력을 가진 이들도 있었다. 『중용』을 비롯한 유교 경전은 신

진사류의 독점적인 지식이 아니었다. 훈구세력 또한 제왕의 통치가 성공하려면 『중용』과 『대학』의 가르침에 따라야 한다고 믿었다. 본질적으로는 훈구파든 기묘당이든 가치관에 차이가 없었다.

그러나 현미경을 들이대고 보면 결과가 달라진다. 마치 미국의 공화당과 민주당이 그렇고, 이 나라의 좌파 정당과 우파 정당이 그러하듯이 말이다. 아래에서는 중종 대의 양대 정치세력, 곧 정국공신 일파와 기묘당의 차이를 알아볼 것이다. 『중용』에 관한 그들의 해석을 곰곰 들여다보면 차이점이 절로 드러난다. 우선 조광조를 비롯한 신진사류의 재등장부터 간단히 설명한다.

신진사류를 기용한 중종의 의도

누구든 과거에 급제하려면 유교 경전을 공부해야 했다. 그러나 『중용』에 정통한 선비가 많지 않았다. 그것은 통달하기가 어려운 책이었다. 『중용』을 깊이 이해한 선비는 아무래도 신진사류 가운데 많았다. 그들은 벼슬을 추구하기보다는 학문 자체에 몰입하는 경향이 있었기 때문이다.

1510년(중종 5) 10월 1일, 주강(낮에 하는 경연)에서 시독관侍讀官 서후가 이렇게 말했다. "『중용』과 『대학』은 성현이 마음의 법[心法]을 주고받은 것입니다. 반드시 그 책에 정통한 선비를 찾아야 합니다." 그러면서 성종 대 경연에서 명성을 떨친 김응기金應箕를 경연관으로 추천했다. 김응기는 신진사류로 분류되는 인물로, 갑자사화 때 조정에서 쫓겨났었다. 참찬관 이장곤도 김응기와 유숭조柳崇祖

를 추천했다. 유숭조는 신진사류의 신망이 컸으나, 훈구파에 몸을 의탁해 비난을 받은 사람이었다.

중종 초기에는 김웅기처럼 경전에 능통하고 행실이 단아한 신진 사류가 하나둘씩 조정으로 복귀했다. 중종은 형편상 어쩔 수 없이 정국공신에 의지하면서도, 안정적인 국정 운영을 위해 신진사류를 불러들였다. 바로 그러한 시대적 분위기 속에서 조광조란 선비가 역사 무대의 중심으로 진출했다. 실록에 다음과 같은 논평이 있다.

국가가 무오사화를 겪은 뒤 사람다운 사람은 다 사라졌다. 경학經學도 씻은 듯이 없어졌다. 그러나 중종반정을 겪은 뒤로 선비들이 차츰 되살아나기 시작했다. 조광조로 말하면 청년시절 김굉필에게 배운 터라 성리性理를 깊이 연구하고 사문斯文(성리학)의 진흥을 자신의 임무로 삼았다. 선비들이 그를 추대하여 사림의 영수領袖로 삼았다.

(『중종실록』, 중종 5년 11월 15일)

조광조가 본격적으로 등용된 것은 1515년(중종 10)이었다. 이조판서 안당安瑭의 적극적인 추천 덕분이었다. 중종의 신임이 두터웠다. 조광조는 왕도정치의 실현을 꿈꾸며 부패하고 안일한 조정 분위기를 혁신했다. 1517년(중종 12)에는 홍문관 교리로서 중종을 설득하여 『여씨향약呂氏鄕約』을 전국에 시행했다. 조광조는 화려한 문장만 중시하는 사장詞章의 습관을 지양하고, 경전을 중시하는 도학道學 정치를 적극 추진했다. 도학이란 성리학을 가리키는 말이니, 조광조 등이 추구한 정치적 목표는 바로 도학의 정치적 실천에 있었다.

조광조는 성리학적 도덕을 일상적으로 실천하기 위해 『가례家禮』의 보급에도 힘썼다.

1518년(중종 13), 조광조는 홍문관 부제학으로서 도교식 제사를 주관하는 관청인 소격서를 폐지하는 데 성공했다. 그해 11월, 조광조는 대사헌으로서 조정의 기강을 더욱 엄하게 세웠다. 또한 기존의 과거시험 제도에서 드러난 약점을 개선하기 위해, 추천을 바탕으로 한 새로운 과거시험을 시행했다. 이때 실시된 현량과賢良科에서 김식金湜 등 28인이 선발되었다. 이 밖에도 신진사류의 전통을 계승한 김정과 박상 등 여러 명의 젊은 선비들을 요직에 임명했다. 그들은 이른바 기묘당의 핵심이었다.

기묘당은 1519년(중종 14)에 이르러 정국공신을 숙청하기 위해 칼을 뽑았다. 역사에서는 이를 '위훈삭제僞勳削除'라고 한다. 즉 거짓으로 공적을 꾸민 가짜 공신을 명부에서 삭제한 사건이다. 조정에서는 이 문제를 둘러싸고 많은 논란이 일었다. 하지만 결국 기묘당의 주장이 관철되었다. 100여 명의 정국공신 가운데 76명의 공신 칭호가 박탈되었다. 이제 조광조를 비롯한 기묘당이 조정의 주도권을 완전히 장악한 것처럼 보였다.

그러나 아니었다. 중종은 훈구파 홍경주, 남곤, 심정 등과 밀약하여 기묘당 숙청에 돌입했다. 그들이 당파를 만들어 조정의 기강을 무너뜨렸다며 엄벌에 처하기로 결심한 것이었다.

1519년 12월, 훈구파의 김전, 남곤, 이유청이 삼정승의 자리를 모두 차지하고 조광조에게 사약을 내렸다. 그때 많은 신진사류가 화를 입었다. 이를 기묘사화라고 부른다. 이 사건으로 인해 신진사류의

조광조 초상.
조광조는 중종 대에 도학정치를 적극적으로 추진하다가
기묘사화로 죽음을 맞고 만다.

조선의 과거시험장.
조광조는
과거시험 제도의
약점을 개선하기 위해
추천을 바탕으로 한
새로운 과거시험을
시행했다.

개혁 정치는 물거품이 되었다. 후세 선비들은 기묘당의 급격한 몰락을 아쉬워했다. 그들은 조광조 등이 정치적 경륜도 짧고 나이도 젊었는데 지나치게 급진적이고 과격한 개혁을 꾀했다고 평가했다.

하지만 내가 보기에는 연륜이나 경륜의 문제가 아니었다. 기묘당의 좌절은 그들의 권력기반이 취약했기 때문이다. 그들은 중종의 왕권에 의지할 수밖에 없었다. 따라서 왕이 그들에 대한 신뢰를 거두는 순간 그들의 권력도 무너질 수밖에 없었다. 그런 기미를 알았다 해도 기묘당으로서는 어쩔 수가 없는 일이었다. 함부로 중종을 폐위할 수 없었기 때문이다. 왕조정치의 근간을 훼손하지 않고서는 기묘당이 꿈꾼 이상정치는 도저히 실현될 가망이 없었다.

자신의 이익이 우선인 훈구세력

1510년(중종 5) 11월 어느 날의 경연 풍경이 떠오른다. 그날 왕과 신하들은 『중용』 제13장의 의미를 탐구하고 있었다. 제13장은 '충서忠恕의 도道'에 관한 것이었다. 훈구대신들이 묻고 신진사류인 경연관이 답하는 방식으로 경연이 진행되었다.

경연에서는 경전의 뜻만 풀이하지 않았다. 당대의 현안도 함께 거론하는 것이 보통이었다. 그날의 경연도 그렇게 진행되었다. 여러 가지 현안이 논의되었으나, 조정의 실권자로서 경연에 참석한 대신 성희안의 반응이 유난했다. 그는 이번 기회에 대신을 깔보는 신진사류의 기강을 바로잡겠다며 별렀다. 그는 '충서' 가운데서도 '충忠'이란 글자에 집중했다.

그 무렵 전라도 전주에서 한 지방관이 사직서를 제출했다. 서울에서 왕명을 받고 내려간 관리가 비위 사실이 적발되자 즉시 사직서를 제출한 것이다. 성희안은 조사가 마무리되기 전에 사직서를 내는 것은 조정을 무시하는 처사라고 판단했다. 만일 조정에 엄격한 기강이 있다면, 벌을 받아야 할 사람이 이런 식으로 사직서만 삐죽이 들이민 채 법망을 빠져나갈 수 있는가. 성희안은 분노했다.

중종은 성희안의 뜻에 동의했다. "사헌부에서 그 사람을 붙잡아서 죄를 물어야 한다. 내가 듣건대 요즘은 사직서도 내지 않은 채 관직을 물러나는 사람도 있다고 한다. 그런 경우에는 해당 지역의 관찰사에게도 책임을 물어야 한다."(『중종실록』, 중종 5년 11월 11일)

신진사류는 『중용』 제13장을 읽고 나서 성희안처럼 해석하지 않았다. 그들은 왕에게 더 철저한 자기성찰을 요구하거나 또는 신하들에게 관대하게 대할 것을 주문했다. 또는 이 구절을 형이상학적으로 해석하여, 정성[誠]스러운 마음과 행동이 얼마나 중요한지를 강조했다. 훈구파 성희안이 대신의 권위를 강조한 것과는 차이가 뚜렷했다. 요컨대 신진사류, 곧 넓은 의미의 기묘당은 실천주체의 도덕성에 방점을 찍었다고 하겠다.

훈구파의 『중용』 해석은 주로 현실적 이익을 염두에 두었다. 그들에게는 항상 현실이 최우선이었다. 조정의 오랜 관습을 지키고, 기왕의 제도를 적극 옹호하면서 현상유지를 고집하는 경향이 지배적이었다. 한 가지 예를 더 들어보자.

1507년(중종 2) 11월 15일이었다. 중종이 경복궁 사정전에서 유생들의 공부를 독려했다. 훈구파 영의정 유순은 『중용』에 나오는 구경九經을 함께 공부하는 것이 어떠냐고 제안했다. '구경설'은 앞에서도 설명했듯이 16세기 조정의 관심이 집중된 구절이었다. 이 구절은 『중용』 제17장에 나오는 것으로, 나라를 잘 다스리려면 아홉 가지 법도에 힘써야 한다고 말한 것이다.

사정전에서 중종은 우선 신하들과 함께 경전 공부를 했다. 이어서 신진사류는 '구경설'과 관련이 있다며 몇 가지 국정 현안을 거론했다. 특히 두 가지 문제에 그들의 관심이 집중되었다. 하나는 내수사가 고리대금업에 종사하는 문제를 비판한 것이요, 다른 하나는 의정부의 관리들이 직무에 태만한 관계로 행정에 막대한 지장을 초래한다는 고발이었다.

훈구파는 신진사류가 제기한 문제점을 조금도 개선하려 하지 않았다. 영의정 유순의 대답이 압권이었다. 그는 의정부 사인舍人(정4품) 등의 일은 유래가 오래되었으므로 개혁할 수 없다고 했다. 중종 역시 그의 말에 동조했다. 왕은 문제점이 부각된 내수사의 고리대 문제도 대왕대비의 의중을 따른 것이라 손댈 방도가 없다고 잘라 말했다.

훈구파가 조정을 지배하는 한 경연에서 어떤 문제가 논의되더라도 결론은 항상 마찬가지였다. 그것은 오랜 전통이거나 또는 왕실의 어른이 이미 정한 것이므로 감히 어떻게 할 수 없다고 했다.

신진사류는 완전히 달랐다. 1510년(중종 5) 11월 21일, 아침 경연이 열렸다. 역시 『중용』의 구경장九經章을 강론했다. 그날의 분위기는 무척 심각했다. 성종 대의 신진사류였던 대사헌 유세침柳世琛과 대사간 최숙생崔淑生으로 말미암아서였다. 그들 두 사람은 갑자사화 때 처벌을 받은 경력이 있었다. 특히 최숙생은 훗날 조광조를 중심으로 한 기묘당의 선배로서 기묘사화에 얽혀 고난을 당한 선비였다. 그들은 훈구파 대신 성희안, 유순과 마찬가지로 경연에서 구경장을 읽었으나, 발언 내용이 완전히 달랐다.

그날 유세침은 이렇게 말했다. "후세에는 구경을 실천하지 못했습니다. 진실하지 못해서 정성[誠]이 없었습니다. 요즘 나라에 기상

변고가 잦습니다. 단언하기 어려우나 세상사가 잘못된 결과가 아닐는지요. 이제부터라도 전하는 신하들의 간언을 성심으로 수용하시기를 바랍니다."

최숙생은 한 걸음 더 나아갔다. "대신의 도리는 전하께서 실행하기 어려운 일이라도 선善을 추구하는 데 힘쓰는 것입니다. 이렇게 하지 않는 대신을 공경한다면 정치에 무슨 효과가 있겠습니까? 전하께서는 요즘 신하들이 간쟁을 해도 머뭇거리기만 하실 뿐 받아들이지 않습니다. 매우 잘못된 처사입니다."

내친 김에 유세침은 궁중의 여악女樂도 중지하라고 요구했다. 여악이 성행하여 서울에만도 기생 70명이 악공으로 일하고 있으며, 시골의 작은 고을까지도 여악이 있어 많은 폐단을 낳고 있다고 주장했다.

최숙생도 같은 의견이었다. 그는 현재 여악이 폐지된 곳이 14개 고을에 그치고 있다며, 궁중이라 해도 여악을 70명씩이나 둘 필요가 없다고 단언했다. 이런 현상은 순전히 대신들이 낡고 잘못된 제도를 두둔해서 생긴 일이라며, 대신들을 성토했다. 중종은 잠자코 듣기만 할 뿐이었다.

당시 중종은 훈구파 대신들의 주장을 꺾을 의지도 능력도 없었다. 후일 조광조를 비롯한 기묘당은 여악을 전면 폐지하도록 중종을 설득했다. 국가 행사에서 음악을 연주하고 춤을 추는 데 하필 여성을 동원해야 할 이유가 없다는 것이었다. 기묘당을 비롯한 신진사류는 지나치게 금욕적이었다.

그날 이후로도 경연에서 『중용』을 강론할 때 구경장이 화제로 등장한 적이 여러 번이었다. 훈구파는 경전의 뜻이 대신의 처우를 개선하는 데 있다고 주장했다. 아전인수식의 해석이었다. 가령 1514년(중종 9) 2월 20일에도 그들은 중종에게 대신을 더욱 존중하라고 당부했다. 그러자 중종은 이전과 달리 냉랭한 태도를 보였다. 왕은 이렇게 대답했다.

"임금은 신하를 예禮로써 대하는 것이 옳다. 그러나 반드시 그 대신이 현명한지를 따져서 적합한 예로 상대하는 법이다."

그러자 훈구파 대신들과 가까운 허굉이 슬며시 현안을 꺼냈다. "정승 성희안이 언행에 약간의 실수를 했다고 하여 공함公緘(공문서)을 보내어 추궁하셨습니다. 공함을 보내서 따지는 것은 낮은 서리書吏를 심문하는 방법입니다. 정승을 서리처럼 심문하시는 것은 대신을 너무 가볍고 사소하게 취급하시는 것입니다."

기묘사화로 조광조 일파가 숙청된 뒤에도 중종의 경연에서는 『중용』의 구경장이 거론될 때가 있었다. 1520년(중종 15) 윤8월 16일, 훈구파는 구경장을 빌려 기묘당을 마음껏 비판했다. 알다시피 구경장에는 '대신을 공경한다'라는 구절이 포함되어 있었다. 그날 대신 이겸은 기묘당이 병조판서 장순손을 배척한 일을 회상하며 기묘당을 강력히 비판했다. 장순손이 현량과를 반대했기 때문에, "나라를 망치고 집안도 망칠[亡國敗家] 소인小人"이라는 비난을 받았다는 것이었다.

훈구파 대신들은 조광조야말로 사사로이 '붕당'을 결성해 사익을 추구한 인물이라며 성토했다. 1524년(중종 19) 5월 3일, 훈구파의 앞잡이로서 대사헌의 벼슬에 오른 성운成雲은 이렇게 논평했다.

"지난번 조광조 등이 붕당을 만들고 스스로를 착한 사람들[善類]이라 부르며 공정한 척하고 서로를 칭찬했습니다. 그때 변변치 않은 사람들이 함부로 귀한 벼슬[淸列]을 차지하고, 천한 벼슬아치들[雜班]을 발탁하여 높은 벼슬을 주었습니다. 벼슬의 위아래 질서가 무너지고, 권세가 신하들의 수중에 있어 참람하기가 이루 말할 수 없었습니다."

그렇게 비판하면서 성운은 신진사류와 비슷한 톤으로 중종에게 마음공부를 촉구했다. 이런 식의 주장이었다.

"『중용』의 구경을 행하는 방법은 정성[誠]입니다. 바라건대 전하는 신의 말씀을 비속하다고 소홀히 여기지 마십시오. 혼자만 아시는 곳에서 공부의 실효를 거두기 바라옵니다."

역시 훈구파에 속한 이항도 『중용』을 근거로 대신의 처우가 열악하다고 불평했다. 그는 조광조가 개혁정치를 펼 때 대사헌의 지위에 있었던 사람이다. 실로 기회에 민감한 인물이었다는 생각이 든다. 이항은 조광조의 지위가 흔들리자 누구보다 앞장서서 기묘당을 탄핵하는 기민함을 보였다.

1527년(중종 22) 8월 12일, 아침 경연에서 이항은 이렇게 말했다. "『중용』에 보면 대신을 공경하라고 하였습니다. 『논어』에도 대신의 견해를 잘 받아들여 원망이 없게 하라고 하였습니다. 임금은 대신의 말을 잘 따라야 합니다."

그 얼마 전, 고위관리 이승겸이 뇌물죄를 짓자 중종은 대신들에게 그에 관한 처리 방법을 상의하게 했다. 대신들은 그의 직책이 높은 점을 감안해 가벼운 죄로 다스리자고 했다. 그러나 대간이 중죄

인으로 다루자고 건의하자 중종의 판단이 흐려졌다. 이항은 그 점을 문제 삼았던 것이다.

이항은 임금에게 대신을 공경하는 태도를 가질 것을 요구했다. 다음과 같은 논법이었다. 국정을 논의하는 임무는 대신들에게 있다. 대신들의 견해를 소홀히 여기면 국가 기강이 흔들린다. 조광조가 조정에 있을 때 대신을 무시하고 감히 젊은 관리들이 국정을 좌지우지한 잘못을 저질렀다. '조정의 일을 대간이 다 하고 있다'는 말이 나와서는 안 된다.

그러자 중종은 이항의 지적이 지극히 옳다며, 자신의 우유부단함을 여러 말로 변명했다.

조광조, 왕에게 『중용』 공부를 강조하다

조광조가 조정에 있었을 때는 사정이 완전히 달랐다. 그는 중종을 '군사君師', 임금이자 백성의 스승으로 만들기 위해 많은 노력을 기울였다. 1518년(중종 13) 7월 27일, 저녁에 열린 경연에서 조광조는 여러 말로 왕을 설득했다. 아래에 주요 내용을 소개한다.

교화敎化라는 것은 하루아침에 빨리 실천하기가 어렵습니다. 서두르면 도리어 급하기만 할 뿐 성공하지 못합니다. 이제 우리나라는 기틀이 잡혔습니다. 그러나 모든 것을 갑자기 변화시킬 수는 없습니다. 지난날에는 사람들이 『소학』을 괴상한 책자라며 꺼렸습니다. 누구도 읽지 않았습니다. 요즘은 많이 달라졌습니다. 얼마 전 제가 성균관에 가보았더니, 유생들은 누구나 『소학』을 가지고 있었고, 그 가운데는 즐겨 읽는 선비들도 많았습니다. 과거에는 꺼리던 책자가 지금은 누구나 좋아하는 책이 되었습니다. 이 책을 읽지 않으면 가정에서는 부형들이 잘못되었다고 여길 정도입니다.

자사는 『중용』의 끝 부분에서 말했다지요. '공경을 돈독히 하자 천하가 공평하고 잘 다스려졌다[平治]고요. 그렇습니다. 천하에는 만 가지 할 일이 있습니다. 그러나 홀로 있을 때도 공경을 돈독히 하는 것, 이것이야말로 천하를 다스리는 근본입니다.

후세 사람들은 조광조의 기묘당이 너무 성급했다고 비판했다. 그러나 조광조의 생각은 달랐다. 함부로 서두르는 일이야말로 그가 가장 싫어하던 것이었다. 천천히 조금씩 조선의 사회문화적 풍토를 바꾸는 것이 그의 정치적 목표였다. 실제로도 가시적인 성과가 나타나고 있었다. 선비 사회에서 『소학』이 새로 유행했고, 성리학에 대한 선비들의 진지한 연구도 시작되었다.

만약 중종이 조광조의 정치·문화적 이상에 공감했더라면 그의 치세에 많은 변화가 일어났을 것이다.

하지만 중종은 이상주의자가 아니었다. 그는 기득권층과 적당히 타협하며 안락하게 사는 것이 목표인 평범한 인물이었다. 조광조는 자신에게 조금도 어울리지 않는 임금에게 쓸데없이 공을 들인 셈이었다. 따지고 보면 우리의 인생살이에도 이처럼 어긋난 만남이 얼마나 많은가. 조광조 한 사람만의 일은 아니다.

기묘당에는 조광조만큼이나 특이한 선비가 한 명 더 있었다. 김식이다. 그는 경학의 전문가요, 불의와 타협을 모르는 대쪽 같은 성품을 가졌다.

1517년(중종 12) 6월 9일자 실록을 읽다가 웃음을 터뜨릴 뻔했다. 당시 홍문관에서는 김식을 경연관으로 임명해서 『중용』과 『대학』은 물론 주희의 『성리대전性理大全』 강론을 맡기려 했다. 그러나 대신들이 반대해 성사되지 못했다.

김식은 성품이 남달랐다. 그는 불합리한 관례를 단호히 거부했다. 당시 육조六曹의 신입 관리를 박해하는 풍습이 있었다. 요즘의 간호사 '태움'과 같은 것이었다. 관청의 자질구레한 일들을 몽땅 신참에게 맡겼다. 만약 조금이라도 실수가 있으면 하루에도 몇 차례씩 벌주를 마시게 했다. 옷이 술로 흠뻑 젖어도, 신참은 벌주를 사양할 수 없었다.

그러나 김식은 거절했다. 그가 형조에 신임으로 임명되자 선배들은 사사건건 벌주를 마시라고 강요했으나 단호히 물리쳤다. 그러자 요즘 말로 그는 왕따를 당했다. 그럼에도 김식은 요지부동이었다.

신진사류가 주축이던 대간은 앞장서서 김식을 성원했다. 그와 같이 어진 선비를 못살게 구는 관료사회를 비판했다. 그러나 훈구파는 물론이고 다소 보수적인 성향의 선비들은 모두 김식을 비난했다. 그들은 김식의 언행으로 인해 선비 사회의 풍토가 나빠질 것을 우려했다.

김식은 또 한 명의 조광조였던 것이다. 조광조와 김식 등은 오직 경전에 표현된 성현의 뜻을 받들며, 세속의 불합리한 관례와 제도를 적극 반대했다. 날마다 조금씩이라도 잘못된 관행을 뜯어고치려

했다. 하지만 그들이 희망으로 여겼던 중종부터가 이러한 기묘당의 언행을 좋아하지 않았다. 훈구파는 더 말할 나위도 없었다. 그러므로 기묘당의 몰락은 처음부터 예정된 일이나 다름없었다.

이 장의 서술을 통해 적어도 두어 가지 사실이 확인되었다고 생각한다. 첫째, 『중용』이란 한 권의 책이 16세기 후반부터 조선 사회에 몇 차례 큰 변화를 불러일으키기까지 일종의 준비 기간이 필요했다는 점이다.

둘째, 『중용』을 비롯해 유교 경전 전반에 관한 연구가 가장 비약적으로 발전한 것은 세종 대였다. 이를 토대로 세종의 손자인 성종은 호학好學의 군주가 되어 신진사류를 대거 조정에 불러들였다. 성종은 그들과 함께 성리학적 이념에 근거한 정치를 펴고자 했다. 큰일이든 작은 일이든 누군가 앞장서 준비하지 않으면 일이 진행되기 어려울 것이다.

셋째, 중종 대 조광조를 비롯한 급진적 개혁세력이 형성된 것도 조선의 역사적 흐름에 부응하는 것이었다. 비록 연산군 때 사화라는 이름으로 대거 숙청되었다 해도, 신진사류가 조선 사회에서 완전히 사라질 리가 없었다. 기회만 주어지면 언제든 조정에 재등장하여, 그들을 억압한 기득권층과 격렬하게 충돌할 것이 빤한 일이었다. 조광조 일파가 정국공신을 상대로 건곤일척의 승부를 벌인 것은 당연한 귀결이었다. 신념대로 산다는 것은 때로 어쩔 수 없는 투쟁으로 이어진다.

중용은
조선을 어떻게
바꾸었나

02

타오르는 좋아상환의 개세불길…
조선식 마나재판
영조와 정조, 스승이 되고자 한 왕…

다시 묻노니, 중용이란 무엇인가. 11세기 북송의 성리학자 정이程頤의 설명이 가장 그럴 법하다.

"치우치지 않는 것이 중中이요, 바뀌지 않는 것이 용庸이다[不偏之謂中 不易之謂庸]."

안으로도 밖으로도 쏠리지 않으면서[中] 상황이 아무리 바뀌어도 변함없는 진리[庸]라는 말이다. 그렇다면 중용은 시간과 공간을 초월한 참 진리라 해도 좋겠다는 생각이 든다.

균형 잡히고 한없이 평화로워 보이는 개념이다. 요즘식으로 말해, 그럼 중용은 지나치게 낙관적이고 밋밋하기까지 한 것인가. 지레짐작과는 달리 중용을 추구했던 시절의 역사는 역동적이었다. 한쪽으로 심하게 쏠리기도 했다. 일견 고요해 보이는 중용은, 이념투쟁의 형이상학적 도구였다. 때로 그것은 매섭게 날선 흉기였다는 점을 기억하자.

『중용』이 각광을 받았던 송나라 때, 세상은 아직 불교와 도교의 영향 아래 있었다. 두 종교는 심오한 형이상학적 이론을 갖추고 있어, 지식인들을 사로잡았다. 도교의 고원한 이상은 무위자연無爲自然이란 글귀에도 잘 나타나 있었다. 불교는 명상과 심오한 철학을 통해 청정淸淨과 무욕無欲의 삶을 추구하는 사람들의 마음에 파고들었다.

그들에 맞서려면 유학자들도 자신들의 세계관 또는 우주론을 고상하고 체계적으로 다시 설계할 필요가 있었다. 다행히도 그들에게는 면 과거에 자사가 편찬한『중용』이 있었다. 송나라의 성리학자들은 이 책을 통해 사상전을 치렀다.

남송시대, 12세기 초부터 중국의 성리학자들은 불교와 도교를 맹렬히 공격했다. 하늘을 근본으로 삼는다든가, 마음을 근본으로 한다고 주장하면서, 성리학자들은 상대의 논리적 허점을 파고들었다. 토론이 잦아짐에 따라『중용』에 관한 해석은 더 복잡하고 추상적이되어갔다. 주희가『중용장구집주』의 편찬을 마쳤을 무렵에는 이미 하나의 방대한 사상체계가 형성되었다. 당대의 지식인들은 이 책의 매력에 흠뻑 젖어들었다.

『중용』이 한국에 수용된 것은 14세기 말이다. 15세기부터는 선비들의 필수서적으로 자리 잡았다. 이후 이 책은 조선 사회가 새로운 도전에 직면할 때마다 중요한 처방전을 제공하며 세상을 변화시켰다.

아래에서는 주로 세 가지 변화에 집중할 것이다. 우선 16세기에 시작된 형이상학의 열풍을 탐구할 생각이다.『중용』에서 형이상학의 매력을 발견한 선비들, 그들은 사상적 심화 과정을 겪은 나머지 조선을 이상적인 성리학 국가로 만들기 위해 새로운 프로젝트를 시작했다. 선비들은 조선 사회를 세계 어디에서도 비슷한 사례를 찾기 어려운, 전형적인 성리학 국가로 탈바꿈시키는 데 성공했다.

16세기 말부터 또 다른 역사적 상황이 연출되었다. 불과 반세기도 지나기 전에 외적의 침입이 잇달았다. 국가는 총체적 위기에 빠졌다. 선비들은 국가를 이끌 새로운 이념을 구상했다. 그들은 정치·문화적 주도권을 잡기 위해 격렬한 이념전쟁을 벌였다. 그 전쟁의 한복판에『중용』이 있었다. 당시 윤휴는 주희의『중용장구집주』를 비판하고, 새로운 편집과 해석을 시도했다. 이를 반대한 송시열과 그의 제자들은 윤휴를 비롯한 적대세력을 '사문난적'으로 규정했다.

이 사건으로 선비들의 사상의 자유가 위축되었다. 주희의 성리학이 절대시되는 가운데, 학문의 발전에 큰 지장이 초래되었다. 그러나 그때도 진취적이고 용감한 선비들은 있었다. 그들은 주눅 들지 않고 독창적인 연구를 계속했다.

18세기의 조선 사회는 어느 시기보다도 문화활동이 활발했다. 많은 선비들이 다양한 분야에서 독창성을 발휘했다. 권력을 둘러싼 지배층의 내부 갈등은 여전히 심했으나, 군자를 지향하는 선비들이 넘쳐났다. 이런 사회적 분위기 속에서 영조와 정조는 군사君師(철인 왕)를 자임했다. 우리 역사상 초유의 일이었다. 이제는 국왕도 선비를 대표하는 최고의 학자라야만 국정을 손쉽게 장악할 수 있게 되었다. 『중용』은 조선의 왕과 선비들을 군자의 길로 인도하는 나침반이었다.

16세기 이후 조선에서 일어난 굵직한 사회 변화의 이면에는 항상 『중용』이 숨어 있었다. 모든 것이 이 한 권의 책 때문에 일어난 일이었다는 식으로 단정하려는 것이 아니다. 새로운 변화가 요구될 때마다, 조선 사회는 『중용』의 어느 한 구절에서 필요한 답을 발견했다는 뜻이다. 나는 그 점을 강조할 뿐이다.

타오르는
형이상학의 거센 불길

15세기는 사화의 시대였다. 성리학의 이상을 현실정치에서 실현하고자 노력했던 선비들이 연이어 거꾸러졌다. 물론 사화에 희생된 선비들이 모두 다 정치사상적으로 급진적인 세력은 아니었다. 그러나 정암 조광조를 비롯해 상당수 선비들은 성리학의 이상인 왕도정치를 구현하려다 목숨을 잃은 것이 분명했다.

선비들은 현실이 녹록하지 않다는 사실을 절감하고 초야로 물러났다. 그들은 본질적인 것, 즉 깊은 철학적 사유로부터 세상을 변화시킬 힘을 찾았다. 『중용』에 대한 천착은 필수적이었다. 그러자 얼마 후에는 형이상학의 세계가 선비들 앞에 활짝 열렸다. 16세기 후반은 형이상학에 관한 철학적 토론이 봇물을 이룬 시기였다.

그에 앞서 1510년대 후반, 조광조 등이 추구한 해법은 달랐다. 그들은 『소학』과 『향약』 등 구체적이고 실천적인 서적을 중심으로 왕도정치를 실현하려 했다. 알다시피 왕도정치란 굳이 물리적인 힘을 쓰지 않고, 왕이 높은 도덕적 이상을 실천함으로써 백성들을 감화시키는 이상정치였다. 이는 중국 고대부터 양보할 수 없는 유교정치의 이상이었다. 조광조의 기묘당도 이런 정치적 목적을 추구했던 것이 사실이지만, 안타깝게도 현실의 벽을 넘지 못하고 좌초했다.

후배 학자들은 조광조 등의 쓰라린 경험을 되새기며 심오한 형이상학의 세계로 진입했다. 그들은 성리학 특유의 우주관과 세계관 또는 심성론에 관한 연구에 매달렸다. 그때 선비들의 마음을 사로잡은 여러 권의 책 가운데서도 『중용』은 가장 근본적이고도 가장 권위가 높았다.

나 한 사람의 도덕성이 세상을 바꾸는 힘

선비들은 『중용』의 제1장에 언급된 '천명天命(하늘의 명령)'에 지대한 관심을 표명했다. 조선 초기의 선구적인 성리학자 양촌陽村 권근權近, 그는 이미 천명의 문제에 관해서도 깊이 연구했다(『입학도설』). 그러나 그때는 아직 형이상학에 매료된 선비가 거의 없었다. 개국 초기에는 모두가 통치질서를 확립하는 데 집중했다.

16세기 조선에서 형이상학적 연구를 시작한 이는 누구였을까. 정지운, 김인후, 이황, 서경덕, 노수신 등이 대표적이었다. 그들은 하늘의 명령과 인간의 심성에 관한 궁금증을 풀려고 했다. 이 문제에 관

하서 김인후 초상.
김인후는 성리학적 우주관이 집약된 「태극도설」의 일인자였다.

한 최초의 학문적 결실은 정지운鄭之雲이 작성한 「천명도설」(1543)이었다. 이 도설은 하늘의 명령이 인간의 삶에서 어떤 식으로 구현되어야 할지를 도표로 나타낸 것이다. 그는 이 그림을 가지고 전라도 순창에 머물던 아우 김인후를 찾아갔다(1549). 김인후는 성리학적 우주관이 집약된 「태극도설太極圖說」의 일인자였다. 북송의 주돈이가 저술한 「태극도설」은 불과 249자였으나, 우주의 생성과 인륜의 근원을 풀이한 것이었다. 무극이 태극이 되고, 이로부터 음양과 오행이 생겨나 그들의 조합으로 만물이 형성되었다는 우주관, 「태극도설」은 이러한 주장을 담고 있었다. 16세기 전반, 조선에는 그 내용을 속속들이 이해하는 선비가 김인후 말고는 거의 없었다. 때문에 정지운은 천리를 마다하지 않고 김인후를 찾아갔던 것이다.

훗날 정지운은 퇴계 이황을 만나 「천명도설」에 관해 다시 토론했다. 노수신도 그 토론에 참여했다. 16세기가 흐르는 사이 전국 각지의 여러 선비들이 각기 「천명도설」을 작성했다. 1578년(선조 11), 전라도 능성에서 간행된 『천명도해天命圖解』(능성본, 고려대학교 박물관 소장)에 다수의 천명도설이 수록된 배경이다.

「천명도설」에 관한 구구한 학설을 여기서 일일이 소개할 겨를이 없다. 내가 힘주어 말하고 싶은 것은 하나, 16세기 조선 사회에서 형이상학에 관한 깊은 연구가 꽃피었다는 사실이다. 그 당시의 분위기를 잠깐 소개하고자 한다.

처음에 김인후는 정지운의 「천명도설」을 검토한 소감을 두 가지로 요약했다. 첫째, "형기形氣(사람의 마음)가 사사롭기 때문에 질곡桎梏(몹시 속박함)이 생겨서"(김인후, 『하서전집』 제3권, 786쪽) 우주만물의 운동이 그치지 않는다는 것이었다. 둘째, 우리가 한순간도 멈추지 않고 정성을 다해 본성[性, 착한 본성]대로 살고자 노력한다면, 결국은 천명의 기미를 알 수 있다는 것이었다. 요컨대 사사로운 마음이 세상 문제의 근원인데, 인간이 본성을 회복할 수만 있다면 천명에 부합하는 세상을 만들 수 있다는 것이었다.

김인후는 하늘과 인간의 관계를 '이기화생理氣化生'으로 보았다. 이理와 기氣 모두가 만물의 변화[化]와 성장[生]을 가져온다는 뜻이었다. 달리 말해 천명은 인간의 삶에 직접적이고 구체적으로 관여한다는 입장이었다.

이황은 알려진 대로 주리론主理論의 거장이다. 그는 천리天理야말로 사물의 존망을 결정하는 절대적인 힘을 가졌다고 보았다. 김인후는 달랐다. 그는 이理뿐만 아니라 기氣도 능동적인 역할을 한다고 생각했다. 여기서 한 발 더 나아가, 김인후는 천도天道와 인도人道를 상호 유기적인 관점에서 바라보았다. 말하자면 천도가 일방적으로 인도를 지배하는 방식이라고 생각하지 않았다. 이것은 『중용』에 근거한 주장이었다. 김인후의 생각은 후배 학자인 율곡 이이의 이기일원론理氣一元論에 가까웠다. 이 문제를 조금 더 설명해보자.

김인후의 형이상학은 『중용』에 토대를 두었다. 그리하여 그는 '선악'을 설명할 때도 '선'은 화和(가장 적절함)요, '악'은 과불급過不及(지나치거나 부족함)이라고 결론지었다. 이이 역시 '성정性情', 곧 성질과 심성이 곧고 바르게 표현된 것이 '선'이라고 했다. 만약 성정이 잘못 표현되면 그것이 '악'이라고 정의했다. 이이는 김인후와 다른 용어를 사용했으나 뜻은 같았다.

퇴계 이황 영정.
주리론의 거장인 이황은 천리야말로 사물의 존망을 결정하는
절대적인 힘을 가졌다고 보았다.

이황이 정지운의 「천명도설」을
수정·개작한 「천명도」.

선비들은 『중용』을 비롯한 여러 가지 서적을 토대로 형이상학적 우주관과 세계관을 형성했다. 그들의 시야는 한층 넓어졌고, 철학적 사유는 고매해졌다. 현대인의 관점에서 보면, 지나치게 추상적이고 사변적이다. 그러나 그들 덕분에 성리학이 한국 사회에 깊이 뿌리를 내렸고, 하나의 독특한 사유체계로 완성되었다. 유구한 한국의 역사를 통틀어 처음 있는 일이었다. 그런 점에서 16세기의 선비들은 지성사에 새 장을 썼다고 할 만하다.

『중용』의 맨 처음에 '천명지위성天命之謂性'이란 문장이 나온다. 만물의 본질이라 할 성품[性]은 본래 하늘이 준 것이라는 말이다. 인간은 물론이고 동식물과 광물에 내재하는 본성이 하늘로부터 왔다는 형이상학적 주장이다. 그 말이 맞고 틀리고를 떠나서, 의미심장하고 웅장한 표현이다.

선비들은 『중용』의 그런 가르침에 따랐다. 하늘과 인간이 하나 될 수 있다(천인합일)고 여겼다. 그들은 『중용』 제23장에서 큰 힘을 얻었다. "오직 천하의 지성至誠이라야 자신의 성품[性]을 다하나니, 자신의 성품을 극진히 하면 타인의 성품도 이룰 수 있다. 타인의 성품이 이뤄지면 사물[物]의 성품도 이룰 수 있다. 사물의 성품을 이룬다면 하늘과 땅이 변화하고 성장[化育]하게 도울 수 있다. 하늘과 땅의 변화와 성장을 도울 수 있다면 하늘과 땅과 함께 그 작용에 참여하리라." 시작은 나 한 사람의 성실함[誠]이지만 이것을 계속 확대함으로써 궁극적으로는 하늘과 같은 위대한 힘을 발휘할 수 있다는 믿음이었다. 『중용』이 약속하는 천인합일은 이런 것이었다.

16세기 후반 조선의 선비들은 『중용』을 통해 큰 용기를 얻었다.

조광조 일파의 정치적 실패로 인해 정치·사회적 전망은 어두웠다. 많은 선비들은 비관론에 빠져 있었다. 이때 『중용』에 담긴 희망의 메시지, 곧 '나 한 사람의 도덕성이 세상을 바꾸는 힘'이라는 이 책의 주장은 선비들의 가슴에 희망의 불씨와도 같았다. 이제 그들은 추악한 정치·사회적 현실 앞에서도 결코 초라해지지 않을 수 있었다. 그들은 새로운 정신적 자양분을 얻었다.

그래서였을 것이다. 선비들은 중국 고대의 형이상학적 우주관보다는 심성론과 실천론에 더 매력을 느꼈다. 그들은 형이상학과 결합된 수양론修養論을 연구함으로써 조선 유학의 독특한 체질을 형성했다.

인간은 왜 도덕적으로 타락하는가

집단적인 정치투쟁이나 국가제도의 개선만으로는 복잡다단한 인간의 문제를 해결하지 못한다. 16세기의 선비들은 이런 내적 합의에 도달했다. 그들은 수양이야말로 도덕적 이상국가를 실현하는 토대라고 확신했다. 이러한 신념은 '인심도심설人心道心說'에 관한 학문적 연구를 북돋웠다. 인심이니 도심이니 하는 표현은, 『중용장구집주』에 이미 나와 있었다.

인심도심설의 대가는 퇴계 이황과 율곡 이이였다. 이황은 "인심이 칠정七情(다양한 감정)이 되고, 도심은 사단四端(인의예지)이 된다"라고 주장해 주목을 끌었다. 이른바 사단은 무엇인가. 측은하게 여기는 마음[仁], 부끄러워하는 마음[義], 사양하는 마음[禮], 옳고 그름

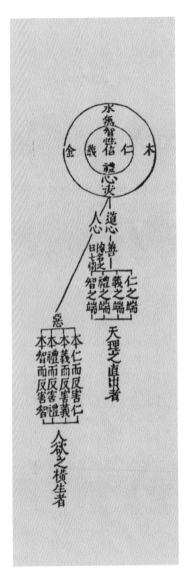

율곡 이이의 「인심도심도설」.
이이는 어떤 경우라도
도덕성을 함양할 수 있다는
낙관적인 논리를 펼쳤다.

을 구별하는 마음[智]을 가리킨다. 이것이 인간의 도심道心이다. 사단은 인간의 가장 중요한 도덕인 인의예지의 단서가 된다. 그에 비해 칠정은 희로애락 등 다양한 감정을 가리키는 표현이다. 이황은 인심을 인욕人慾이라고 단정해, 칠정에 내재하는 부정적인 측면을 강조했다. 반면에 도심은 인의예지로 표현되는 착한[善] 마음이라 이해했다.

이이의 견해는 달랐다. 1582년, 그는 「인심도심도설」을 지어 국왕 선조에게 바쳤다. 그 핵심은 무엇일까. 나쁜 기질도 고칠 수 있다는 것, 즉 어떤 경우라도 도덕성을 함양할 수 있다는 낙관론이었다. 이이는 이황과 달리 칠정을 인심으로 제한하지 않았다. 그가 보기에 칠정은 인심과 도심을 망라한 것이었다. 「인심도심종시설人心道心終始說」에 이이의 견해가 잘 드러나 있다. 처음에는 인심이었다 해도 노력하면 도심으로 바뀔 수 있고, 처음에 도심이었다 해도 태만하면 인심으로 변할 수 있다. 따라서 끊임없는 성찰과 노력이 필요하다고 했다.

『중용』 서문에서 주희는 인심과 도심의 관계를 잘 설명했다. 도심은 하늘이 준 본성이므로 착하지만, 인심은 삶의 조건에 좌우된다고 했다. 주희는 맹자의 성선설을 계승하면서, 그런데 왜 인간이 도덕적으로 타락하게 되는지를 해명했다고 생각된다. 이이는 주희의 주장을 그대로 수용했다. 의리를 존중하면 누구나 도심을 얻게 되고, 자신을 욕망의 흐름에 맡기면 인심에 사로잡히게 된다고 경계했다.

조선 왕조가 망할 때까지도 많은 선비들이 이 주제를 연구했다. 그들은 이황과 이이의 견해를 계승했다. 큰 틀에서 보면 17세기 이후에는 독창적인 연구 결과가 거의 없었다.

이황과 이이, 누구를 따를 것인가

16세기 문화계를 뜨겁게 달구었던 토론 주제를 열거하라면, 이기설을 빼놓을 수 없다. 그 열기는 애초 「천명도설」에서 불타올랐다고 하겠다. 17세기 초반, 이 주제에 관한 선비들의 관심은 무척 높았다. 1635년(인조 13), 당년 30세의 동춘당同春堂 송준길宋浚吉이 쓴 한 편의 편지가 나의 눈길을 끈다.

송준길은 자신의 스승 김장생을 추모하는 글에서, 이황과 이이의 이기설理氣說을 논평한 적이 있었다. 그 글이 영남의 사림을 자극해 많은 비판이 일어났다. 송준길은 외사촌 동생에게 보낸 편지에서 자신의 입장을 다음과 같이 재천명했다.

퇴계 선생은 사단칠정을 논하면서, '사단은 이가 발하여 기가 따른 것이요[理發而氣隨之], 칠정은 기가 발하여 이가 탄 것[氣發而理乘之]'이라 하였네. 이 주장을 율곡 선생이 상세히 고찰한 결과, '펼치는 것은 기氣요, 펼치게 만드는 것은 이理라. 기가 아니면 펼칠 수 없고, 이가아니면 펼치게 할 수 없다. 하필 기발이이승지氣發而理乘之는 칠정에만 해당하는 것이 아니라 사단도 그와 같다'라고 결론지었네.

선사先師(김장생)께서는 율곡의 주장을 따랐네. 선사만 그런 것이 아니라 외할아버지(정경세)도 그러하였지. 일찍이 내가 외할아버님께 '퇴계와 율곡의 이기설이 서로 다릅니다. 누구의 주장을 따라야 합니까?'라고 여쭈었네. 외할아버지께서 '율곡의 설이 옳은 것 같다. 내가 체험한 것으로 보아도 그러하다. 사당[家廟]에 들어서면 마음이 숙연해진다. 이것은 존경심[敬]이 나타난 것인데, 그 숙연함은 기가 아니냐'라고 하셨다네. 그 말씀이 지금도 귓가에 맴도네.

그분의 주장을 따르지 않는다면 그분을 존경하지 않아서 그렇다고 볼수 있겠는가. 송나라의 정자程子(정씨 형제)는 맹자를 존경했으나, 성性에 관한 맹자의 주장이 정밀하지 못하다고 하였네. 그래서 정자는 기질설氣質說을 주장하였네. 주자가 정자를 존경하지 않았을 리가 없으나, 경전을 해석할 때 정자의 주장을 부정한 곳이 실로 많았네.

(송준길, 『동춘당 속집』 제6권, 「동춘당연보1」)

송준길의 글을 읽은 소감을 두 가지만 간단히 적어볼까 한다. 첫째, 전국의 선비들이 자신의 독창적인 주장을 펴기보다는 16세기의대학자 이황과 이이의 편으로 양분되었다. 서인은 이이를, 동인은 이황을 추종했다. 둘째, 17세기 전반까지도 송준길처럼 '건전한' 선비들이 적지 않았다. 신봉하는 학설은 달라도 그 때문에 상대편의 학문과 인격을 공격하지는 않았다. 17세기 후반이 되면 그 사정은 급속히 악화된다(2장 '조선식 마녀재판' 참조).

형이상학의 한계를 절감하고 예학에서 희망을 찾다

16세기는 형이상학의 전성시대였다. 기라성 같은 선비들이 등장하여 형이상학적 이해에 폭과 깊이를 부여했다. 그 절정을 체험한 것은 사계 김장생과 그의 동년배들이었다. 그들은 거장들로부터 형이상학적 사유를 직접 배웠고, 스스로도 형이상학적 논의에 뛰어들었기 때문이다.

한 세기 뒤, 17세기 초반의 선비들은 형이상학적인 차원에서 모든 문제를 해결하고자 했다. 그때는 온 나라가 임진왜란의 후유증에 시달리고 있었고, 깊어가는 당쟁의 폐해로부터 어찌할 줄을 몰랐다. 선비들은 새로운 돌파구가 필요했다. 형이상학에 관한 새로운 연구가 나타나게 되었다. 당시 선비들로서는 그것만이 신뢰할 수 있는 해결책이었다. 김장생과 그의 제자 한교가 주고받은 토론을 통해, 나는 그러한 시대적 분위기를 느꼈다(김장생, 『사계전서』 제3권에 「한사앙韓士仰에게 답한다」라는 2통의 편지가 있다). 그들은 『중용』에 관해 깊이 논의했는데, 크게 네 가지 문제였다.

첫째, 문장의 주어에 관한 논의였다. 『중용』 제25장에, "성誠은 스스로 이루어지며, 도道는 스스로 가야 할 길이다誠者自成也 而道自道

也]"라고 했다. 한교는 이 구절을 읽고 나서, 스스로 이루어진다[自成]는 것과 스스로 가야 할 길이다[自道]라는 구절의 주어는 정성스러움[誠者]이라고 생각했다. 그러나 김장생의 생각은 달랐다. 정성스러움은 '스스로 이루어진다'라는 구절과 연결될 뿐이라고 했다. '도리는 스스로 가야 할 길'이라는 구절은 별도의 문장이라고 보았다.

그들이 토론한 문장은 그 자체가 추상적이고 형이상학적이다. 그래서 읽는 이마다 주어를 다르게 볼 수 있었다. 문장의 맥락을 어떻게 이해하느냐에 따라서 해석의 차이가 발생했다.

둘째, 주석의 옳고 그름에 관한 토론이었다. 『중용장구집주』에서 주희는 '중용을 말미암는다[道中庸]'와 '예를 숭상한다[崇禮]'를 지혜에 도달한 상태[致知]로 보았다. 옛것에서 배움[溫故]은 마음을 지키는 것[存心]으로 분류했다. 이러한 분류법에 대해 제자 한교는 이의를 제기했다. 그는 그 이유도 『중용장구집주』에서 찾았다. 주희는 그 책에서 덕성을 지키는 것이 마음을 지킴[存心]이요, 학문으로 말미암아[道問學] 지혜에 도달하는 것[致知]이라고 설명했다.

학문[問學]이란 용어는, 『중용』의 제20장 끝 부분에 언급된 여섯 자, 즉 배우고[學], 묻고[問], 생각하고[思], 따지고[辨], 정성스레 실천하는 것[篤行]에서 빌린 것이었다. 그러므로 학문이라고 하면 이미 생각하고, 따지고, 정성스레 실천하는 행위를 포함하는 것이었다. 옛것을 배움은 또한 배움인지라, 마음을 지키는 것으로 보기가 어렵다는 주장이었다.

김장생은 제자를 타일렀다. "이 문장은 뜻이 순조롭고 명쾌하다. 학습의 과정도 분명하다. 그런데 어찌하여 그대는 주희의 견해를 바꾸어서 그처럼 새롭고 교묘한 말을 하느냐"고 은근히 질책했다.

김장생의 설명은 다음과 같았다. 덕성을 지킴은 마음을 지켜서[存心] 도의 근본[道體]을 지극히 넓고 크게 하는 것이다. 학문으로 말미암는다는 것은 지혜에 도달하여[致知] 도의 근본을 지극히 작게 만드는 것[微細]이다. 넓고 큰 곳에 이름[致廣大], 지극히 높고 밝음[極高明], 옛것에서 배움[溫故], 두텁고 두터움[敦厚]의 네 가지는 존심에 속한다. 반면에 정밀하고 미세함의 극치[盡精微]와 중용에 말미암는 것[道中庸], 새것을 앎[知新], 예를 숭상함[崇禮]의 네 가지는 지혜에 도달한 경지다. 이것은 『중용장구집주』의 주석을 차례로 설명한 것이었다. 김장생은 제자 한교가 주희의 평범한 문장을 자의로 해석한 것이라고 비판했다.

셋째, 그들과 동시대인의 학설에 관한 논란이었다. 한교는 정엽鄭曄의 다음과 같은 주장을 문제 삼았다. '존심存心이 역행力行'이라고 정엽이 말했다. 마음을 제대로 지킬 수 있다면, 이것이 곧 힘써 실천하는 행위라는 다소 역설적인 주장이었다. 이에 한교는 이 글귀를 조금 바꾸었다. '존심은 역행할 수 있는 바이다.' 무슨 의미인지 한눈에 잘 들어오지 않는 표현이지만, 아래의 설명을 읽어보면 그 뜻이 명확하게 전달될 것이다.

김장생은 한교의 설을 일축하고 정엽의 손을 들어주었다. 존심은 실천하는 것이요, 치지致知는 아는 것이다. 한교의 주장처럼 '역행할 수 있는 바', 곧 일종의 실천이라고 판단했다. 내가 보기에 김장생은 주희의 분류법을 철저히 준수했다.

넷째, 우주론에 관한 문답이었다. 한교는 오행에 관해 궁금한 점이 있었다. 물과 불은 가볍고 맑은 성질을 가지고 있다. 아직 사물이 형태를 이루기 전에는 흙도 없고 나무도 없었을 터인데, 그럼 물과 불은 어디에 존재했는가? 이것이 제자의 질문이었다.

김장생의 대답은 무엇이었을까. 태초에는 오행의 기운이 하늘을 운행했고, 오행의 바탕이 땅에도 갖추어져 있었다. 그 기운이 나중에 만물을 낳았다는 설명이다.

나는 김장생과 한교의 문답을 한 자씩 짚어가며 꼼꼼히 읽었다. 그때 떠오른 생각이 있었다. 형이상학적 토론에는 끝이 보이지 않는다. 또 상대방이 수긍할 만한 반론도 성립되기 어려웠다. 뿐만 아니라 그런 식의 논의로는 현실적인 문제를 해결할 전망이 어두웠다.

17세기 전반, 조선의 선비들도 형이상학적 사유의 한계를 조금씩 실감했다. 그들이 제아무리 형이상학적 연구에 매달려도 현실은 개선되지 않았기 때문이다. 결국 선비들은 이제까지와는 다른 길을 모색했다. 당장에 김장생의 경우만 해도 그러했다. 그는 예학禮學이라는 새로운 학문을 제창했다. 그에 관련된 저술만 해도 여러 권이었다. 김장생의 문집에는 『전례문답典禮問答』을 비롯해, 『가례집람도설家禮輯覽圖說』, 『가례집람』, 『상례비요喪禮備要』 및 『의례문해疑禮問解』가 차례대로 실려 있다.

김장생이 누구인가. 그로 말하면 이이와 성혼의 학풍을 이어받은 큰선비였다. 그런 학자가 형이상학적 사변론에서 완전히 벗어날 수 없는 것은 당연한 일이었다. 그는 평생 형이상학의 한계를 안고 살았다. 그러나 좀 더 실천적인 학문으로서 예학을 창도唱導하기도 했다. 『중용』의 핵심 개념인 성誠과 경敬을 일상생활에서 구현하는 것

사계 김장생 영정.
17세기 조선의 선비들은 형이상학적 사유의 한계를 실감했다.
이이와 성혼의 학풍을 이어받은 큰선비 김장생은 좀 더 실천적인 학문으로서 예학을 제창했다.

이 곧 예학이었다. 형이상학적 인식과 예학적 실천은 이를테면 존심存心과 치지致知의 상보적 관계라고 보았기 때문이다.

『중용』에는 예절의 중요성을 강조한 구절이 적지 않다. 가령 제27장에서는 이렇게 말했다. "위대하다, 성인의 도여! 물이 넘쳐흐르듯 만물을 끝없이 발육시키도다. (…) 예의가 300가지요, 세부적인 예절은 3천 가지나 되네[大哉 聖人之道 洋洋乎發育萬物 (…) 禮儀三百 威儀三千]." 제27장에서도 군자와 예의 관계를 명시했다. "군자는 덕성을 존숭하고 학문을 말미암는다. (…) 옛것을 익혀 새것을 알고, 돈후한 자세로서 예를 숭상한다[君子尊德性而道問學 (…) 溫故而知新 敦厚以崇禮]." 그 밖에도 제29장에서는 예야말로 세상을 다스리는 중요한 수단이라 했다. 왕이 천하를 다스릴 때는 의례議禮, 제도制度, 고문考文의 세 가지 방법이 있다고 적었다.

17세기 조선 사회가 예학을 새로운 이념으로 선택한 것은 그들 나름의 뚜렷한 이유가 있었던 것이다. 앞에서 설명한 것처럼, 한 세기 전만 해도 형이상학이 선비들의 총아였으나 그것으로는 성리학적 이상국가를 구현할 길이 막막하기만 했다. 때문에 선비들은 새로운 희망을 예학에서 찾고자 했다.

김장생의 문하에서 예학이 크게 발달했다. 그의 제자들과 손제자들이 대대로 예학에 종사함으로써 17세기 조선의 예학적 이해는 높은 수준에 이르렀다. 물론 여기서 한 가지 주의할 점이 있다. 예학이란 학문이 김장생을 비롯한 기호畿湖 선비들의 전유물은 아니었다는 사실이다. 다른 지방에서도 많은 선비들이 예학에 정통했다. 가령 영남지방에서는 한강寒岡 정구鄭逑의 전통을 이어 유장원柳長源

등이 이름을 떨쳤다.

　예학의 전성시대는 많은 부작용을 낳았다. 학문이 정치적 도구로 전락하여, 이른바 예송禮訟이 일어났다. 조정 대신들이 왕실의 상장례喪葬禮를 둘러싸고 극심한 정치적 투쟁을 벌인 것이다. 흥미로운 변화도 일어났다. 예학이 발달하면서 사서동례士庶同禮라 하여 서민들도 선비들과 같은 예법을 따르게 되었다. 조선 후기에는 평민들조차 4대 봉사, 곧 부모, 조부모, 증조부모, 고조부모를 제사 지냈다. 심지어 선비들의 예법을 왕실에 적용하는 경우도 있었다. 예법은 본래 차별의 상징이었으나, 그것이 누그러져 누구에게나 동등하게 적용되는 보편성을 갖게 되었다니 참으로 신기한 일이었다.

　신분적으로 소외감에 시달리던 서민들에게는 그것만으로도 상당한 심리적 보상이 되었을 것이다. 그러나 예법이란 하나같이 번거롭고 비용도 적잖이 들어가는 것이었다. 현재 남아 있는 선비들의 일기를 보면, 관혼상제로 인한 비용의 지출이 과다했다. 예절을 따르느라 생활이 궁핍해질 정도였다. 이런 상태라면 선비들이 아무리 예학에 힘쓴다 한들 성리학이 약속하는 이상사회는 오지 않을 것이 분명했다.

조선식
마녀재판

17~18세기 조선에는 한 가지 끔찍한 사회문화적 현상이 나타났다. 선비를 '사문난적斯文亂賊'이라 손가락질하며 배척하는 사건이었다. 누가 사문난적인가. '사문'은 유교적 질서요, 이를 어지럽히는 사람이 '난적'이었다. 그때는 주희를 비판하는 사람이 사문난적으로 몰렸다.

윤휴를 비롯해 윤증, 박세당과 정제두 등에게도 불똥이 튀었다. 여기서도 과장은 물론 금물이다. 사문난적 시비에는 학문적 견해 차이 못지않게 정치적 이해관계가 얽혀 있었다. 정치 현안을 둘러싸고 기득권층과 심한 갈등을 보인 선비만이 사문난적으로 몰렸다. 주희의 경전 해석을 비판했다거나 새로운 해석을 시도했다고 해서 누구나 사문난적으로 낙인찍힌 것은 아니다.

조선식 마녀재판이었던 사문난적 시비와 『중용』은 어떤 관계가 있는가. 세 가지 점이 중요할 것이다. 첫째, 주희의 『중용장구집주』를 둘러싸고 이 시비가 처음 일어났다는 사실이다. 윤휴가 『중용』의 편제를 바꾸고 주희와 다른 해석을 내놓자 송시열과의 갈등이 증폭되었다.

둘째, 그 당시 선비들은 『중용』이 제시하는 세계관을 깊이 내면화했다. 그들은 『중용』을 비롯해 주희의 『사서집주』 전체를 종교적 경전처럼 떠받들었다. 따라서 그 가운데 일점일획이라도 함부로 손을 대서는 안 된다는 인식이 보편적이었다.

셋째, 국왕은 '천명'을 받들어 중용의 가치를 구현하는 데 목적을 두었다. 그러므로 왕은 잡다한 현실정치에 집중하기보다 오히려 '정학正學', 곧 성리학을 보호하고 육성하는 데 더욱 힘을 쏟는 경향이 있었다.

조선 건국 이래 대궐에서는 왕세자를 위한 서연書筵과 국왕을 위한 경연經筵이 수백 년 동안 지속되었다. 세월이 흐르자 조선의 왕은 성리학의 믿음직한 수호자로서 선비들의 학문적 논쟁에 대해서도 정확하고 단호한 판결을 내리는 역할을 맡게 되었다. 그 과정에서 국왕은 자신의 위엄을 세우고 권력을 강화할 수도 있었으니, 그가 재판관의 역할을 마다할 이유가 없었다.

송시열과 윤휴의 극단적인 대립

1637년(인조 15), 서른 살의 젊은 선비 송시열이 속리산에서 윤휴를 만났다. 당시는 병자호란의 폭풍이 나라를 할퀴고 지나간 뒤라, 젊은 지식인들은 분노와 허탈감에 빠져 있었다. 그때 열혈 청년 송시열은 지금까지의 공부가 과연 현실적으로 무슨 소용이 있는 것인지 깊이 회의했다. 때마침 그는 윤휴라는 젊은 선비에 관한 풍문을 들었다. 상상을 초월한 빼어난 인물이라는 거였다. 반신반의하며 송시열은 속리산으로 윤휴를 찾아갔다. 윤휴는 그보다 무려 열 살 아래였다. 두 사람은 서로의 인품과 학식에 매료되었다. 이듬해 두 사람은 다시 만났고 날이 새는 줄도 모르고 학문을 토론했다. 송시열은 윤휴를 극찬했다. 자신의 30년 독서가 가소롭게 여겨질 정도라며 감탄했다.

5년 뒤 그들은 16세기부터 스승과 선배들이 열정을 쏟았던 형이상학적 주제를 깊이 있게 다루었다. 특히 이기설理氣說에 관해 서로의 의견을 경청했다. 여기까지는 아무 문제도 없었다.

문제는 1644년(인조 22)에 시작되었다. 약관 28세의 윤휴가 「중용설中庸說」을 저술했는데, 주희의 『중용장구집주』를 독자적인 관점에서 변형한 것이었다. 그는 장과 절의 순서를 바꾸었고, 주희가 채택한 주석도 자신의 견해에 따라 바꾸거나 빼버렸다(윤휴의 「중용설」은 4장 1절 참조).

송시열은 경악했다. 주희가 심혈을 기울여 완성한 『중용장구집주』는 성리학적 가치관의 상징이었다. 누구도 함부로 손대서는 안 될 성스러운 경전이었다. 송시열의 거듭된 비판에도 불구하고, 윤휴는 자신의 길을 의연하게 걸어갔다. 두 사람의 관계는 더욱 악화되었다.

그들은 주희가 주석을 단 경전에 대해서만 의견이 다른 것이 아니었다. 국가 현안에 대해서도 사사건건 대립했다. 가령 청나라의 침략에 복수하자는 북벌 문제에 대해서도 입장이 달랐다. 1674년 숙종이 즉위하자 윤휴를 비롯한 남인들은 청나라로 쳐들어가서 선왕의 복수를 단행하자고 주장했다. 송시열을 포함한 서인은 현실론으로 맞섰다. 효종 대부터 북벌을 외쳤지만, 청을 상대로 군사행동을 벌이기에는 역부족이라는 견해였다. 또 현종 대 왕실의 상례를 둘러싸고 불거진 두 번의 예송에서도 두 사람이 이끄는 서인과 남인은 서로 엇갈린 주장을 폈다.

『중용』을 둘러싼 대립과 갈등에서 시작된 두 사람의 불화는, 끝내 상대방의 목숨을 빼앗기에 이르렀다. 먼저 손을 쓴 것은 송시열 측이었다. 그들은 윤휴를 사문난적으로 몰아 사약을 내렸다. 윤휴가 제거된 지 9년 만에 송시열도 사약을 마시고 세상을 떠났다. 집권에 성공한 남인들이 복수한 것이었다.

이에 앞서 송시열 측은 윤휴의 자제들이 편찬한 『백호전서』도 모조리 불태웠다. 주희의 해석에서 벗어나 학문적 자유를 추구한 윤휴의 노력이 물거품으로 사라지는 듯했다. 그러나 그의 후손들은 조상의 원고를 남몰래 깊이 간직했다. 1927년, 윤휴의 8세손 윤신환 등이 마침내 『백호전서』를 간행했다.

송시열의 문집인 『송자대전』을 읽다가, 나는 그가 1687년(숙종 13) 숙종에게 올린 한 장의 흥미로운 상소문을 발견했다. 이 글에서 송시열은 자신과 윤휴 및 윤증의 어긋난 관계를 소상하게 적었다(송시열, 『송자대전』 제19권, 「대의大義를 논하면서 윤증의 일을 진달하는 소」).

윤휴와 송시열 초상(국립중앙박물관 소장).
『중용』을 둘러싼 대립과 갈등에서 시작된 두 사람의 불화는, 끝내 상대방의 목숨을 빼앗기에 이르렀다.

그중 한 대목을 인용하고, 소감을 간단히 적어둔다.

윤휴는 편파적이었고 언행이 지나쳐 주자를 함부로 헐뜯었습니다. 그는 주자의 주석註釋이 옳지 않다며 자신의 글로 바꾸었습니다. 특히 『중용』은 장구章句를 다 없애고, 새로 주석을 달아서 자기 제자들에게 가르쳤습니다. 마지막 부분에는 논설[說]까지 붙여서 감히 자기 자신을 공자에 견주었고, 주자를 공자의 제자 염구冉求에 빗대었습니다. 그가 어그러지고 못됨이 이러했습니다.

하지만 주자의 도道는 해가 하늘 높이 떠 있는 것과 같습니다. 윤휴 같은 이가 1만 명이 나와서 헐뜯는다 할지언정 어찌 털끝만큼이라도 햇빛을 흐리게 할 수 있겠습니까. 함에도, 그의 소행이 세도世道를 해친 바가 컸습니다.

그때 조정 대신들로부터 벼슬 없는 선비에 이르기까지 모두들 바람에 휩쓸리듯 그에게 빠져들었습니다. 그들은 윤휴가 주자보다 더 훌륭하다고 칭찬하며, 윤휴의 글을 돌려가며 베끼고 과장하며 유혹하는 경우가 많았습니다. 당시 이름이 난 사람일수록 중독이 더욱 심했습니다.

송시열은 윤휴가 사약을 마신 지 7년 후, 그리고 자신이 사약을 마시기 2년 전에 이 상소문을 썼다. 그때 송시열의 나이 81세였다. 이 글은 자신의 파란만장한 일생을 회고하면서 쓴 일종의 변론문이다. 그의 태도는 여전히 당당했고, 가슴속에는 윤휴에 대한 적대감이 가득했다.

어떤 이는 송시열이 윤휴를 사문난적으로 몰아댄 것은 질투심 때문이었다고 말한다. 독창적이고 패기만만한 윤휴가 너무 부러워서였을 거라는 주장이다. 다른 이는 송시열이 남인과의 정치적 투쟁에서 주도권을 잡기 위해 주희의 화신처럼 행세했다고 비판한다. 또다른 이는 국왕 숙종이 양측의 학문적 시비를 정치적으로 악용했다며 넌지시 나무란다. 세 가지 주장에 모두 일리가 있다고 생각한다.

하지만 한 가지 중요한 사실이 빠진 것 같다. 송시열도 숙종도 윤휴도 선비였다는 점이다. 그들은 정치투쟁과 경전 해석을 별개의 문제로 여기지 않았다. 이것이 유교적 도덕 지상주의의 특징이었다. 그들은 가치관의 다원성을 인정하기가 불가능한 선비들이었다. 17~18세기 초반 조선 사회의 독특한 풍경이었다.

노론과 소론의 탄생

윤휴와의 관계가 악화되자 송시열은 친구와 제자를 잃었다. 윤휴를 옹호했다는 이유로 친구 윤선거와 갈라섰고, 친구의 아들이자 자신의 제자인 윤증과도 결별했다. 1683년(숙종 9)의 일이었다.

그때 송시열은 회덕에 살았고, 윤씨 부자는 이성尼城에 집이 있었다. 파탄을 맞은 그들의 관계를 둘러싸고 여론이 들끓었다. 어떤 사람들은 회덕의 송시열이 옳다고 말했고, 또 다른 이들은 이성의 윤증 부자가 옳다고 주장했다. 그리하여 '회니시비懷尼是非'라는 표현이 생겨났다.

윤증 초상.
송시열은 윤휴를 옹호했다는 이유로 친구 윤선거와 갈라섰다.
친구의 아들이자 제자인 윤증과도 결별했다.

나이 많은 송시열이 옳다고 믿은 이를 노론老論, 젊은 윤증 측이 옳다는 쪽을 소론少論이라 불렀다. 윤휴의 「중용설」을 둘러싼 시비가 확대되어 결국에는 당대의 거대 당파인 서인西人이 두 쪽으로 갈라졌다. 참으로 그 위력이 대단한 사건이었다.

송시열은 앞에서 인용한 1687년의 상소문에서 윤씨 일가와의 관계를 자세히 기술했다. 그 일부를 소개한다.

윤선거는 우계 성혼의 외손이다. 본래 그 집안의 학문은 나무랄 데가 없었는데, 윤휴로 말미암아 타락했다며 송시열은 한탄했다. 윤휴는 유교질서를 어지럽힌 사문난적인데도 윤선거가 그를 편들었으므로, 송시열은 그에게 간절한 마음을 담아서 경고하기도 했다.

"도둑을 다스릴 때는 반드시 그 일당을 먼저 죄주는 법이다. 유교 정신에 충실한 이상적인 군주가 즉위하면 윤휴보다 그대의 목부터 벨 것이다."

이처럼 심한 말로 윤선거를 비판했기 때문에, 그 아들인 윤증은 스승 송시열의 처사를 도저히 참기 어려웠다. 훗날 윤증은 송시열에게 보낸 편지에서 "그 아픔을 뼈에 새겼다[痛刻]"라고 할 정도였다. 송시열은 윤증의 심정을 충분히 이해한다고 말했다.

윤증 부자는 의기 높은 선비들이었다. 1636년(인조 14) 병자호란이 일어나기 얼마 전에 청나라 사신들이 오자, 윤선거는 선비들을 이끌고 조정에 항의하며 사신의 목을 베자고 주장했다. 청나라 사신들은 겁에 질려 도망치고 말았다. 그처럼 대의大義를 존중하는 윤선거였다. 그러나 정작 강화도가 적의 침략을 받아 함락되었을 때, 그곳에 있던 윤선거의 치신은 기대에 미치지 못했다. 충의열사가

되어 죽음을 택한 많은 신하들과 달리, 그는 석연치 않은 이유로 강화도를 탈출했다.

윤선거에게는 그러한 도덕적 결함이 있었다. 그러나 김집과 송시열 등은 그의 과거 행적을 문제 삼지 않고 서로 친하게 지냈다. 그런데 윤선거가 윤휴의 잘못된 학설에 미혹되어 딴사람이 되고 말았다며 분통을 터뜨렸다.

송시열은 윤선거와 윤증 부자에 대한 비판을 멈추지 않았다. 그는 주희의 다음과 같은 말을 근거로 삼았다.

"악독한 주장[邪說]으로 정도正道를 해치는 사람에 대해서는 누구라도 공격할 수 있다. 반드시 성현이라야 그를 공격할 수 있는 것이 아니다."

이러한 주희의 주장을 읽노라면, 자연히 중세 천주교회의 '파문(excommunication)'이 떠오른다. 천주교회로부터 이단으로 몰려 파문당한 사람은 누구의 보호도 기대할 수 없었다. 설사 성난 군중이 그를 죽인다 해도 죄가 되지 않을 일이었다. 주희가 그처럼 극단적인 광경을 연출한 적은 없으나, 마음속으로 그는 사문난적에 대한 철저한 응징을 맹세했다. 과격한 송시열은 윤휴를 대상으로 그런 끔찍한 조치를 단행했다.

윤선거와의 관계는 그 정도로 극단적이지 않았다. 두 사람 사이는 마치 주희와 육상산陸象山의 관계와도 같았다. 송시열은 그렇게 해석했다. 알다시피 주희와 육상산은 학문적으로 크게 대립했다. 육상산은 주관적 유심론을 주장했다. 반면에 주희는 객관적 유심론을 고수했다. 둘 다 마음[心]을 중시했으나, 그것이 과연 주관적인가 객관적인가에 대해서는 상반된 입장을 보였다. 오늘날의 관점에서 보면 별로 문제될 것이 없는 사소한 견해 차이에 불과했다. 하지만 당시에는 이것이 엄청난 시비 거리로 인식되었다. 때문에 주희는 때로 육상산을 가리켜 인도 불교의 색채를 띠었다거나 '오랑캐'라고 비판했다. 그럼에도 두 사람의 교의交義는 끊어지지 않았다. 심지어 주희는 육상산을 초빙해 자신의 제자들을 위한 강론을 맡긴 적도 있었다. 육상산이 죽자 주희는 문인들을 거느리고 영전에 나아가 눈물을 흘리기까지 했다.

송시열 역시 윤선거와 견해 차이는 있었으나 사귐을 완전히 끊지는 않았다. 윤선거가 죽자 제문祭文을 보내어 고인을 위로하기까지 했다. 그러나 결국에는 두 집안의 불화가 커져서 완전히 갈라서게 되었다.

이 상소문에서도 한 가지 특이한 사실이 거듭 확인된다. 송시열은 자신의 독특한 처신을 설명할 때마다 성리학의 집대성자인 주희를 인용했다. 자신이 마치 주희의 화신인 양 행동했다. 주희가 생각하듯, 주희가 행동하듯, 송시열은 그렇게 팔십 평생을 살았다.

시대를 앞선 '사문난적' 박세당

서계 박세당은 송시열과는 완전히 결이 다른 선비였다. 송시열보다 22년이나 늦게 태어난 때문일지도 모른다. 병자호란이 일어났을 때 박세당은 아직 여덟 살이었다. 삼전도의 굴욕 같은 것은 박세당에게 깊은 상처를 주지 않았다. 박세당은 송시열처럼 이기론으로 구체화된 형이상학적 담론에 매료되지도 않았다. 그에게 주희는 그저 역사 속의 한 인물일 뿐이었다.

박세당은 주희를 거슬러 올라가 공자와 맹자의 본질에 닿고 싶었다. 그로서는 불교와 도교의 주의주장도 그다지 심각한 문제가 될 수 없었다. 이러한 박세당의 관점과 태도는 송시열의 비위를 건드렸다.

송시열과 박세당의 충돌은 한 장의 글에서 시작되었다. 이경석李景奭의 비문이 문제였다. 병자호란 때 청 태종은 자신의 위업을 글로 남기게 했다. 우여곡절 끝에 인조는 이경석에게 명하여 이른바 「삼전도비문」을 짓게 했다. 비문 속 청 태종은 위대한 영웅이었다.

송시열은 곧 송나라의 주희요, 송나라를 압박한 오랑캐 금나라는 만주족의 청나라에 비견되었다. 그렇다면 이경석은 금나라에 무릎을 꿇은 송나라의 재상 진회秦檜의 아류인 셈이었다. 이런 생각에서 송시열은 이경석을 강도 높게 비난했다.

이경석이 죽자 그 후손들이 박세당에게 신도비문을 부탁했다. 박세당은 비문에서 이경석을 군자라 일컬었고 그를 함부로 업신여긴 송시열을 꼬집었다(1703). 송시열의 제자들은 박세당을 원수로 여겼다.

앞서 현종 때 예송논쟁이 일어났을 당시에도 박세당은 이를 못마땅하게 여겼다. 도대체 상 기간[服]이 1년이건 3년이건 그것이 한 나라의 종통宗統을 잇는 데 무슨 영향을 주느냐는 반론이었다. 박세당은 예송으로 상대방에게 정치적 타격을 주지 못해 안달하던 조정 인사들을 강하게 비판했다. 그의 글 「예송변禮訟辨」을 읽어보면 알 수 있는 바다. 오늘날의 입장에서 보면 박세당의 주장이 당연히 옳

서계 박세당 초상.
개성이 강했던 큰선비 박세당은 송시열과 충돌했고,
결국 '이단'으로 몰려 관직을 빼앗기고 유배형을 받았다.

다. 그만큼 그는 깨어 있는 선비로서 시대를 앞서 살았다.

송시열의 제자들은 일제히 박세당을 공격했다. 그들의 주도로 성균관 유생들이 들고일어나 박세당을 사문난적으로 몰아붙였다. 그들은 박세당의 저술『사변록思辨錄』과 그가 지은 「이경석신도비명李景奭神道碑銘」을 문제 삼으며, 이를 수거해 불태우라고 외쳤다.

과연 박세당은 『사변록』에서 주희의『사서집주』를 비판하고, 자신의 견해에 따라『논어』,『맹자』,『대학』및『중용』을 새롭게 해석했다. 그는 일찌감치 벼슬을 내려놓고 경기도 양주의 수락산 아래로 물러나 학문 연구에 몰두했다. 사서는 물론『서경』과『시경』에 대해서도 독자적인 주해를 시도했다. 뿐만 아니라 성리학자들이 이단이라며 꺼려하는『노자』와『장자』까지도 연구하여 주석서를 내놓았다. 실로 개성이 돋보이는 큰선비였다.

이러했으니 어찌 그가 무사하겠는가. 박세당은 결국 유배를 떠났다. 고령이라는 이유로 곧 풀려나기는 했으나, 돌아온 지 몇 달 만에 세상을 떠났다(1703). 또 한 명의 출중한 선비가 사문난적의 시비에 휘말려 고난을 겪다가 세상을 떠난 것이다.

이런 비극적 사건이 일어나기 약 20년 전, 송시열은 제자 이선李選에게 보낸 편지에서 윤휴와 박세당을 심하게 비판했다(1686). 그는 제자에게 경서에 관한 새로운 주석서 한 질을 편찬하기를 바란다며 이렇게 말했다.

흑수대간黑水大奸(윤휴)이 주자를 배척하자, 험악한 그의 무리가 매우 넓게 퍼졌다오. 그들이 우리의 편찬 사업을 알게 되는 날이면 비웃고 반드시 훼방을 놓고야 말 것이네. (…) 더구나 한 대가大家(박세당)는 『장자莊子』에 주석을 달아 도성 밖에서 제자들에게 가르친다고 하지 않던가. 우리의 이 일은 그와는 정반대가 되는 일이라네.

(송시열, 『송자대전』 제72권, 「이택지李擇之에게 답함」)

제자와 함께 착수한 주석서의 편찬 사업, 이것은 주희의 가르침을 이 땅에 더욱 확고하게 심으려는 목적이었다. 송시열은 그렇게 믿어 의심하지 않았다. 그는 윤휴 일파가 일을 방해하지 않을까 경계심을 늦추지 않았다. 또 자신들이 하는 이 작업은 '이단'인 박세당의 처사와는 근본적으로 다르다고 보았다. 송시열의 사명감과 자부심은 누구도 헤아리기 어려울 정도였다.

정제두의 탈성리학적 시선

하곡霞谷 정제두鄭齊斗는 윤휴보다 한 세대 늦게 태어났다. 박세당보다도 한참 후배였다. 정제두가 경전을 바라보는 입장은 탈脫성리학적이었다. 「대학서인大學序引」이란 글에서 정제두는 다음과 같이 주장했다.

유교의 경전은 뜻을 아는 사람이 읽으면 저절로 다 이해가 된다. 군이 주注를 달고 해설을 붙일 필요가 없다. 그랬기에 옛적에는 자구만 풀이하는 것[訓詁]으로 만족했다. 그런데 송나라의 주희가 등장하여 상황이 바뀌었다. 주희는 구절마다 형이상학적 해석을 하느라 수많은 주를 달았다. 그 바람에 경전의 본뜻이 변하고 말았다.

그럼 이제 어떻게 해야 할 것인가.

주자의 해석이 경문經文 본래의 뜻을 어겼으므로, 다시 고쳐서 해설을
하지 않을 수 없다.

조선사회의 기득권층은 정제두의 발언을 용서할 수 없었다. 1709
년(숙종 35), 정제두는 예순한 살의 나이로 서울을 떠났다. 그는 강화
도 하곡霞谷으로 물러났다. 「하곡선생연보」에서는, "이해 큰손자가
요절해 선생은 슬픈 나머지 조상의 묘지에서 가까운 곳으로 옮기었
다"라고 설명했다. 그러나 실제 사정은 달랐을 것이다. 정제두는 학
문의 자유를 얻기 위해 서울을 떠났다고 봐야 옳다.

1726년(영조 2), 집권세력인 노론은 정제두를 해치려 했다. 그들은
벌떼처럼 일어나 정제두를 사문난적이라며 성토했다. 그러나 영조
는 숙종이 아니었다. 한 마디로 노론의 요구를 묵살했다. 2년 뒤인
1728년(영조 4)에는 도리어 그에게 의정부 우참찬이라는 높은 벼슬
을 내렸다. 영조는 만년의 정제두에게 안온한 여생을 허락했던 것
이다. 1736년(영조 12) 정제두는 88세의 나이로 천명을 다했다.

당파싸움을 활용한 숙종의 정치력

제임스 팔레라는 미국의 한국학자가 있었다. 젊은 시절에 읽은 그

의 짤막한 논문 한 편이 아직도 잊히지 않는다. 조선 국왕의 정치적 영도력에 관한 글이었다.

팔레는 숙종을 오케스트라의 지휘자에 견주었다. 사색당파가 악단이라면 숙종은 지휘자였다는 주장이 멋졌다. 사실 숙종은 이따금 구실을 만들어 어느 당파든 마음대로 들이고 내치는 정치에 능했다. 이름 하여 '환국換局' 정치였다. 그는 당파싸움을 적극적으로 이용해 자신의 통치력을 강화했다.

심지어 숙종은 선비들의 학문적 논쟁에서 비롯된 사문난적 시비에도 기꺼이 개입했다. 왕은 윤휴가 저술한 「중용설」을 둘러싸고 노론과 남인이 다툴 때는 물론, 박세당의 『사변록』에 대해 노론과 소론이 대립할 때도 제법 공정한 결정을 내리는 척하며 조정의 물갈이를 꾀했다. 위기의 순간, 궁지에 몰린 윤휴는 물론 윤선거, 윤증, 박세당도 숨을 죽인 채 숙종의 자비로운 판단에 목숨을 맡겨야 했다. 시비를 걸었던 송시열의 운명조차 실은 숙종의 마지막 한 마디로 끝나고 말았다. 이 모든 일이 숙종에게는 효율적인 통치수단이었다.

혹자는 이렇게 말할 것이다. 숙종은 사문난적 사건까지도 적절히 이용해 대동법을 널리 확대 시행했고, 왕권을 강화하는 데 성공했다고 말이다. 일리 있는 주장일지도 모르겠다.

그러나 어딘지 허전한 느낌이다. 첫째, 거듭된 당파싸움으로 인해 숙종이 무슨 큰 이득이라도 본 것처럼 생각하는 것이 잘못이다. 그때 왕실이 얼마나 불안정했는지를 기억하자. 장희빈의 비극적 삶과 인현왕후 민씨의 폐출과 복위를 떠올려보라. 피비린내 나는 당쟁이 수십 년 동안 계속되는 바람에 국정 운영이 매우 불안정했다. 국정의 모든 분야에 걸쳐 대대적인 개혁이 요구되었으나 조정에는 앞장서서 이런 대업을 완수할 인물이 없었다. 민생이 도탄에 빠진 것은 물론이었다.

둘째, 얼핏 보면 숙종이 당파싸움을 마치 도구화한 것처럼 보이지만 실은 그와 반대였다고도 볼 수 있다. 숙종을 비롯해 조정 대신들은 모두 『중용』에 집약된 성리학적 가치관의 포로였다. 물론 송시열은 그중에서도 극단적인 경우였다. 그러나 큰 틀에서 보면 왕과 다른 대신들도 송시열과 다르지 않았다. 그들은 추상적인 이념에 사로잡힌 나머지, 자신과 타인의 언행을 극히 미세한 부분에 이르기까지 철저히 통제하고 검열했다. 사소한 이념 갈등이 끔찍한 유혈극으로 번지는 것은 도리어 자연스러운 일이었다.

얼마 전 구소련 체제에서도, 중국공산당 지배하에서도, 비슷한 상황이 연출되었다. 그들 나라에서는 국력의 상당 부분이 비생산적인 감시와 검열에 소모되었다.

숙종의 아들 영조는 한 가지 점에서는 매우 현명했다. 그는 아버지 숙종의 정치가 큰 효과를 거두지 못한 채, 안팎에 분란만 초래하고 당쟁을 고질화했다는 점을 정확히 알아챘다. 군자君子와 소인小人으로 편을 갈라 싸우는 당쟁은 즉각 중단되어야 한다, 이것이 영조의 결론이었다. 그는 선비들의 학문적 논쟁에 깊이 개입하기를 꺼렸다. 앞에서도 말했듯, 정제두가 천수를 누린 것은 영조 덕분이었다. 사문난적의 시비가 한 세대 만에 시들해진 것도 영조의 깨침 덕분이었다.

영조와 정조,
스승이 되고자 한 왕

『중용』은 조선의 왕들에게 군자의 길을 제시했다. 18세기를 빛낸 영조와 정조는 스스로 '군사君師(철인 왕)'를 자임할 정도였다, 오랜 세월 성리학 국가의 전통을 닦아온 결과였다. 19세기에 이르면 선비들이 우리 역사 속의 명군名君들을 거침없이 군사라고 불렀다. 고종의 어전에서 신하들은 세종을 군사라며 기렸다.

16세기의 개혁정치가 조광조는 중종을 군사로 만들려 했으나 실패했다. 선조 대에는 쫓겨났던 사림士林이 정계에 복귀해, 선조를 군사라 부르며 성리학적 이상을 불태우기도 했다. 이후에도 여러 국왕이 군사로 불렸으나 그것은 왕을 고무 격려하기 위한 미칭美稱에 지나지 않았다.

영조와 정조가 스스로 군사라고 주장한 것은 새로운 일이었다. 그들은 국왕인 동시에 자타가 인정하는 최고의 성리학자였다. 『중용』에 명시된 '시중時中(치우침 없는 군자의 도)'을 실천함으로써, 그들은 성리학적 이상국가에 가까이 다가서고자 했다. 현실적인 필요성도 존재했다. 당쟁으로 혼란해진 국정의 주도권을 확고하게 장악하기 위해서라도 영조와 정조는 당파를 초월한 임금[君]이자 스승[師]이 되고자 했다. 야심찬 의제였다. 그러나 수월한 과제는 아니었다.

영조, 신하들에게 『중용』을 가르치다

19세기 후반의 큰선비로 귤산橘山 이유원李裕元이 유명하다. 그는 신흥무관학교를 세운 이회영 일가의 조상이다. 이유원은 역사에 박식해 『임하필기林下筆記』라는 흥미로운 저술을 남겼다. 그 책을 읽다가 나는 중요한 두 가지 사실을 발견했다. 하나는 영조가 『중용』을 매우 중시했다는 것이다. 또 하나, 그는 '군사'로서 신하들을 가르치려고 했다는 점이다(이유원, 『임하필기』 제10권, 「학교」 참조).

영조는 조정 대신들과 성균관 유생들을 한자리에 모아놓고 이렇게 말했다. "나는 군사君師의 책임을 감당하기에 이제 늦은 것 같다. 그동안 한 달에도 세 번씩이나 『중용』을 강론했으나, 정치에 실효가 별로 없었다. 이제 그대들과 함께 다시 논의하여 부족한 내 학문을 북돋우고자 한다." 영조의 말은 겸손했다. 그러나 실제로는 백성의 왕이자 스승으로서 신하들에게 학문을 장려하는 의지를 드러낸 것이다.

영조 어진(국립고궁박물관 소장).
숙종은 치열한 당쟁을 유도해 자신의 권력기반을 다지려 했다.
하지만 영조는 아버지와 달리 여러 당파 위에 군림하는 초월적인 존재가 되고자 했다.
영조는 탁월한 성리학자로서 신하들보다 우위에 있는 스승의 모습을 연출했다.

이어서 그들은 함께 『중용』의 한 대목을 읽고 열띤 토론회를 가졌다. 참석자들이 모두 만족했다. 한껏 고무된 신하들이 한목소리로 영조에게 청원했다.

"오늘의 토론회가 정말 훌륭했습니다. 한 번으로 그만두는 것은 너무 섭섭합니다. 앞으로 이런 토론 모임을 정기적으로 여는 것이 좋겠습니다."

영조는 매우 기뻐했다. "좋다. 대사성은 한 달에 세 차례씩 명륜당에서 성균관 유생들과 토론회를 열라. 굳이 자질구레한 문장의 뜻에 얽매일 필요는 없다. 오로지 경전의 깊은 뜻을 탐구하는 데 집중하라."

영조의 아버지 숙종은 치열한 당쟁을 유도함으로써 자신의 권력 기반을 다지려 했다. 그 결과는 성공적이지 않았다. 당쟁은 고질화되었고 궁중은 분열되었다. 아들 영조의 대처법은 달랐다. 그는 여러 당파 위에 군림하는 초월적 존재가 되기를 꿈꾸었다. 영조는 탁월한 성리학자로서 신하들보다 우위에 있는 스승의 모습을 연출했다. 우뚝한 '군사'로서 왕은 당파 간의 대립을 화해시키고 조정하기를 원했다. 영조의 탕평책은 그런 것이었다.

영조는 절반의 성공을 거두었다. 그의 치세에는 대체로 조정이 안정되었고 민생도 조금 나아졌다. 그러나 사도세자와의 관계가 파탄나면서 임오화변(1762, 영조 38)이 일어났다. 아버지가 아들을 뒤주에 가두어 죽인 끔찍한 사건이었다. 결국 영조의 탕평책 역시 노론의 일당 집권을 보장하는 결과를 낳았으니, 기대와는 달리 부작용도 컸던 셈이다.

표면상 영조는 각 당파의 입장을 두루 고려하는 듯했으나, 자신을 왕위에 올려준 노론만 요직에 등용했다. 공교롭게도 사도세자를 옹호하는 신하는 소론 가운데 많은 편이어서, 그들은 조정에서 점차 퇴출되었다. 즉위 초부터 영조와 관계가 좋지 않았던 남인들의 입지는 더욱 좁았다. 이래저래 영조 치세에서는 노론의 발언권이 더욱 강화되었다.

정조의 현실적인 고뇌

영조는 편향적인 성격의 소유자였다. 그 뒤를 이어 왕이 된 정조는 할아버지 영조의 좋은 점만 이어받고 나쁜 점은 개선하려 애썼다. 정조 역시 초당적인 지도력을 행사하기 위해 '군사'의 길을 걸어갔다. 왕은 조금이라도 편향된 태도를 벗어나기 위해 '시중時中'에 힘썼다.

시중이 무엇인가. 『중용』 제2장에 이런 표현이 있다. "군자의 중용이라야 한다. 그것은 때[時]에 맞게[中] 하는 것이다[君子之中庸也 君子而時中]." 정조가 시중을 실천하고자 각별한 노력을 기울인 것은 1790년대였던 것 같다. 실록에 관련 기록이 풍부하다.

일례로 1791년(정조 15) 4월 30일자 기사를 읽어보자. "중용은 지극히 높고 멀어서 실천하기 어려운 일이 아니다. 일상생활에서 가장 알맞게 하면 된다. 중용은 시중과 안팎을 이룬다." 왕은 그렇게 말했다. 이 발언 하나에도 정조의 자신감과 확신이 담겨 있다. 그는 한 나라의 왕일 뿐만 아니라, 뭇 선비들보다 탁월한 식견을 가진 스승으로서 뚜렷한 존재감을 과시했다.

정조는 자신의 성리학 실력을 통해 시중의 의미를 확고하게 파악했다고 자부했다. 1793년(정조 17) 5월 25일에는 신하들 앞에서 이런 말도 했다. "희로애락애오욕喜怒哀樂愛惡慾의 일곱 가지 감정은 마음에 근원을 두고 있다. 그 가운데 어느 하나가 격분하면 나머지도 모두 움직여 절도를 잃게 된다. 그러므로 치우치지도 않고 기울지도 않고 지나침도 없고 어긋남도 없는 시중이 얼마나 중요한가." 중국 고대의 고전에 등장하는 이상 군주와 다름없는 모습이었다.

역대 실록을 읽어본 사람은 누구나 고개를 끄덕일 것이다. 이처럼 철학적인 발언은 대체로 어진 신하가 임금을 타이르거나 가르칠 때 하는 말이었다. 그런데 정조는 달랐다. 그는 신하들에게 묻고 배우기보다는 주로 신하들을 가르치려 들었다.

16세기 초 조광조가 꿈꾸던 이상적인 군주의 모습이 정조에게서 발견된다. 만약 조광조가 정조의 조정에 있었더라면 어땠을까. 과연 성리학의 이상이 구현될 수 있었을까. 단언하기 어려우나, 그 역시 쉬운 일이 아니었을 것이다.

정조의 조정에는 훌륭한 선비들이 많았다. 우리가 이름을 익히 아는 채제공, 정약용, 이가환, 김종수, 심환지, 박지원, 이덕무, 홍대용, 김조순 등이 정조의 신하들이었다. 조정에 빼어난 선비들이 가득했으나 정조의 시름은 깊었다. 정조의 문집 『홍재전서』를 보면 왕은 과거시험장에서 유생들에게 자신의 고뇌를 담담한 어조로 고백했다. 쉬운 말로 고쳐 여기에 옮겨본다(『홍재전서』 제48권, 「정시전시庭試殿試」 참조).

어찌하여 인심은 나날이 갈라지며 현안에 대한 주장은 더더욱 괴리되는지 모르겠다. 신하들이 동서남북으로 제각기 당파를 만들어 이편과 저편으로 갈려 자기 당의 이익만 추구하는 까닭을 모르겠다. 각 당파의 주장을 살펴보면 하나도 공평하지 못하다. 앞으로도 이런 식이라면 나라는 나라답지 못하고 사람도 사람답지 못할 것이다.

내가 천하의 중심에 서서 사방의 백성을 바로잡으려 하지마는 실제로는 뒷걸음질치면서 앞으로 나아가기를 바라는 꼴이다. 과연 어떻게 하면 임금과 신하 모두 중도中道를 얻어서, 하는 일마다 지나침도 없고 모자람도 없이 될까. 어찌하면 정직하고 공정한 다스림이 가능할까. 진실로 『중용』에서 말한바, 즉 중中과 화和(조화)를 이루어 천지만물을 성장하게 하는 공적이 나타날 수 있겠는가. 너희들 유생은 제각기 대책을 작성하되 하나도 숨김없이 마음속에 있는 대로 다 쓰라. 내가 친히 다 읽어보겠노라.

알다시피 조선에는 모두 27명의 국왕이 있었다. 그중 누구도 정조처럼 187권(100책)이나 되는 저술을 남기지는 못했다. 초야에 묻혀 일평생 학문에 몰두한 대학자라도 이처럼 많은 저술을 남긴 이는 손꼽을 정도였다.

그런데 학문이 이렇게 높았던 정조도 '당쟁' 두 글자 앞에서는 무력했다. 왕은 묘안을 찾지 못해 깊이 고뇌했다. 중용의 근본 뜻을 깊이 헤아리며 과거시험 문제로 내걸기도 했으나, 당파의 이익에 목숨을 건 선비들에게서 무슨 묘책이 나올 수 있었을까. 그저 대답 없는 메아리에 그쳤다.

정조, '철부지' 유생들을 꾸짖다

유생들의 식견이 별로 고상하지 않다는 것을 정조는 잘 알고 있었다. 때때로 왕은 유생들의 집단행동에 대해 강한 거부감을 보이기도 했다. 1796년(정조 20) 가을에도 정조는 유생들과 충돌했다. 『일성록』에서 일례를 찾아보았다(아래 내용은 『일성록』 제46권, 666쪽: 정조 20년, 8월 10일 기록을 참조).

벌써 오래전부터 유생들은 무리를 지어 집요하게 문묘 배향에 관한 자신들의 요구를 관철하려 들었다. 유생들은 문정공 김인후, 문열공 조헌 및 문경공 김집을 배향해달라고 요청했다. 정조의 태도는 확고부동했다. 그는 김인후의 문묘 배향만 허락하고, 조헌의 배향은 시간을 두고 생각해보겠다고 했다. 김집의 경우는 그 아버지 김장생이 이미 문묘에 배향되어 있기 때문에 부정적인 입장이었다.

정조는 자신의 뜻을 유생들에게 누누이 말했다. 그럼에도 유생들은 굽히지 않았다. '군사'를 자임하는 정조로서는, 유생들이 자신의 가르침을 순순히 따르기를 더욱 바랐다. 그런데 유생들이 고집을 꺾지 않고 완강한 태도를 보이자 역정을 냈다.

정조는 대신들을 불러놓고 그들 앞에서, "지금 사도師道의 책임이 나에게 달려 있다"라고 단언했다. 그러면서 유생들의 잘못을 다음과 같이 꾸짖었다.

"그들은 단지 복종하여 따르기만 하면 될 터인데 감히 저희의 의견을 내세워 함부로 주장하였다. 무식하고 교화를 가로막는 무리들이 어찌 감히 성리학의 운명이 달려 있는 지금 입을 놀리는가?"

심지어는 아래와 같이 심한 말로 질책하기도 했다.

"나이도 어리고 학문도 얕은 그들이 군사(정조)의 존귀함을 깨닫지 못하고, 기꺼이 가르침을 따르지 않는 잘못을 범하였다. 망령되게도 문묘에 배향하는 중대한 전례에 관하여 군사와는 다른 의견을 가지고 마치 대결하는 것처럼 굴었다. 이 어찌 도리로 보나 분수로 보나 감히 할 수 있는 것이란 말인가."

한 마디로 정조는 유생들을 철부지로 취급했다. 정조는 『중용』 제1장을 인용하며 자신의 위상을 거듭 강조했다. 정조의 해석이 흥미롭다.

하늘이 명한 것을 성性이라고 함은 하늘의 입장에서 말한 것이다. 성을 따르는 것을 도道라고 한 것은 사람의 입장에서 말한 것이다. 도를 닦는 것을 교教라 하는데, 이것은 곧 군사君師의 일이다. 주자가 예악과 형정刑政(형벌)으로 교의 뜻을 풀이하였다. 예악으로 가르쳐도 따르지 않으면 어쩔 수 없이 형정으로써 다스리는 법이다. 이것이 바로 사도師道요, 군도君道이다.

인용문에서 보듯, 정조는 『중용』의 권위를 빌려 군사로서 자신의 초월적인 지위를 정당화했다. 또 주희의 학설을 인용해, 막무가내로 고집을 피우는 유생들을 강력히 처벌하겠다며 별렀다. 정조는 사태가 이 지경에 이른 것은 대신들의 탓이라고 나무라며 다음과 같이 쐐기를 박았다.

나는 군사의 지위에 있고, 군사의 책임을 감당해왔다. 무릇 인재를 양성하고 가르칠 방법을 항상 모색하였는데 이들처럼 나의 가르침을 거부하는 무리가 있다니, 이것은 조정朝廷(대신들)의 책임이다.

정조와 큰선비들의 토론

정조의 학문적 식견은 뛰어났다. 때로 그는 산림山林이라 불리는 초야의 큰선비를 조정으로 불러들였다. 그때마다 정조와 큰선비의 토론이 펼쳐졌다. 그동안 내가 살펴본 바로는 대개 정조의 압도적인 승리로 끝났다. 18세기 후반 조선 제일의 큰선비는 정조 자신이었다. 나는 그렇게 생각한다.

진정한 의미로, 정조와 대화 상대가 될 만한 선비가 없지는 않았다. 돈암遯庵 이직보李直輔가 그러했다. 1798년(정조 22) 4월 5일자 『일성록』에는 두 사람이 창덕궁 희정당에서 나눈 대화 내용이 자세히 기록되어 있다(『일성록』 제47권, 77쪽).

『일성록』에는 그 선비의 이름을 이성보라고 했다. 훗날 그는 정조의 자字를 피하려고 이름을 직보直輔로 개명했다고 한다. 1797년에는 세자시강원의 우유선右諭善이 되어 세자를 가르쳤고, 나중에는 벼슬이 의정부 우참찬까지 올랐다. 성품이 청백하여 전라도 무주로 물러나 한가하게 여생을 보냈다고 한다. 이것은 물론 후일담이다.

정조는 희정당에서 이직보를 만나 깊은 대화를 나누었다. 화제의 중심은 '계신공구戒愼恐懼'라는 『중용』의 한 구절이었다. 경계하여 삼가고 두려워하고 두려워한다는 대목이다. 정조는 '계신공구'라는 말과 『대학』의 '신독愼獨'에 어떤 차이가 있느냐고 물었다.

이직보의 대답은 어떠했던가. "계신공구는 동動과 정靜을 통틀어서 말한 것이요, 신독은 단지 하나의 생각이 처음 일어날 때만을 꼬집어서 말한 것"이라고 했다. 양자는 미묘한 차이가 있다는 대답이었다.

정조는 깜짝 놀랐다. '계신공구'가 움직일 때나 멈춰 있을 때에 모두 해당한다는 설명은 어디서도 들어보지 못한 탁견이었다! 정조는 이직보를 극구 칭찬하며 주희가 『중용장구집주』에서 기술한 "항상 경외심을 가진다[常存敬畏]"라는 표현을 떠올렸다. 그러면서 조선의 큰선비들 가운데 김장생과 농암 김창협이 비슷한 생각을 가졌었노라고 첨언했다.

이직보는 삼연三淵 김창흡金昌翕(김창협의 아우)이 어유봉魚有鳳에게 보낸 편지 한 통을 소개했다. '신독'과 '계신공구'의 차이를 명확하게 밝힌 글이었다.

이직보는 율곡 이이의 말을 빌려, 정조가 이상적인 통치자가 되기를 소망한다고 했다. "도통道統이 위(임금)에 있으면 도는 한 시대에 행해지고 은택은 후세에까지 미치는 법입니다. 신은 도통이 전하께 이어지기를 진심으로 바라는 바입니다."

정조는 한편으론 기뻐하면서도 염려를 내려놓지 못했다. 왕은 자신의 처지를 이렇게 요약했다.

"오늘날은 예악도 형정도 볼 만한 것이 없다. 하물며 도를 논할 수 있겠는가."
"세도世道와 조정의 체모를 수습하지 못하는 내가 도통을 이었다고

창덕궁 희정당.
이곳에서 정조는 이직보와 만나 깊은 대화를 나누었다.
조선 제일의 학자였던 정조는 초야의 큰선비를 조정으로 불러들여 토론을 벌였다.
정조와 대화 상대가 될 만한 선비는 많지 않았다.

말하고자 한들 될 일인가."

"지금 그대의 말을 듣고 보니, 저절로 부족함을 느끼지 않을 수 없다."

겸손한 언사라고도 할 수 있으나 정조의 솔직한 심정이었을 것이다.

내친 김에 정조는 당시 조선의 학풍에 대한 생각을 밝혔다. "경의 經義를 토론할 때는 실지에 활용하는 방법을 중히 여겨야 한다. 제왕의 학문은 벼슬 없는 선비들의 학문과는 다르다. 심성론이니 이기설이니 하는 낡은 담론에만 얽매인다면 어찌 실제를 중시하는 뜻이 되겠는가." "한갓 책에 나오는 빈말만 강론한다면 '백성의 삶은 묻지 않고 귀신에 관한 일만 물었다[不問蒼生問鬼神]'라는 혐의가 없지 않을 것이다."

요컨대 선비들이 공허한 형이상학적 논의를 끝내고 실제 민생에 도움이 되는 학문을 했으면 좋겠다는 바람이었다.

정조는 진심으로 이직보에게 묻고 싶은 말이 있었다. "지금의 형편으로 볼 때 군자의 도와 소인의 도, 이 둘 가운데서 어느 쪽이 지배적인가? 그대는 최근 시골에서 서울로 올라왔으니, 듣고 본 바를 솔직히 말해주길 바란다." 정조는 국정 현안에 대한 이직보의 구체적인 자문을 받고 싶었다.

그러나 이직보는 즉답을 피했다. 자신은 아는 바가 전혀 없다고 시치미를 뗐다. 그러면서 말머리를 돌려 원론으로 되돌아갔다. "임금의 한 가지 생각에도 사실 천지를 회전하는 능력이 있는 것입니다. 더구나 임금님의 학문이 높고 맑아 역사상 으뜸이십니다. 한 가지 생각도 반드시 요순임금을 모범으로 삼으셔서 조금이라도 그들에 미치지 못하면 거듭 성찰을 하고 계십니다." 정조가 성리학적 이상정치를 실현해주리라는 기대가 크다는 뜻이었다.

이직보의 결론은 자명했다. "임금은 곧 하나의 하늘입니다. 조금이라도 하늘과 어긋난다면 공부가 부족한 것입니다." "삼가 바라건대, 더욱더 성스러운 경지에 오르기를 힘쓰소서."

학식이 풍부한 정조와 이직보의 대화는 결국 성리학의 추상적 굴레에 다시 떨어지고 만 느낌이다. 실지에 힘쓴다면서도 그들은 현실과는 거리가 먼 도덕 공부에 치중했다.

정조의 너르고 깊은 공부도 시대의 한계를 벗어나기에는 역부족이었다. 그가 『중용』을 통해 '시중'의 '군사'가 되기를 힘쓰면 힘쓸수록 그는 보수적인 성리학의 옹호자를 자처하는 셈이었다. 설사 심성론이나 이기설 같은 형이상학을 멀리한다 해도 여전히 성인군자의 도덕론에 얽매여 있었기 때문이다. 이 대목에서 나는 진한 아쉬움을 느낀다. 인간의 역사에 일진일퇴는 있어도 비약은 없다고나할까.

중용은
어떤
책인가

03

가려진 중용의 역사…
불완전하고 열린 텍스트
중용에서 답을 찾다…

염락(주돈이, 정호, 정이 등)이 맨 처음 도道를 이은 성리학[濂洛初承派]

순자와 양주 따위가 어찌 겨룰손가[荀揚豈是班]

가련하구나 동해의 나그네는[可憐東海客]

이미 백발이라 논하기도 어려워라[皓首欲言難]

14세기 고려의 큰선비 목은牧隱 이색李穡은 『중용』을 읽고 나서
그렇게 읊었다(이색, 『목은시고』 제11권, 「중용을 읽고 느낌이 있어서」의
한 구절). 이 한 권의 책은 송나라의 성리학자들이 도를 주고받은 증
표로서 이단을 물리치기에 족하다고 했다. 이색은 아마도 이 책을
노년에야 처음 손에 쥔 모양이었다. 그 자신을 '동해', 곧 발해 동쪽
에 사는 노인으로 자처하며, 이미 노경이라 자세히 논변하기는 어
렵다고 토로했으니 말이다.

『중용』은 누가 저술했을까. 그것이 전승된 역사는 어땠을까. 대학
자 이색조차 쉽게 논란하기 어렵다고 했으니, 『중용』은 분명코 술술
읽히고 저절로 이해되는 쉬운 책이 아니었을 것이다. 무엇이 그렇게
난해했을까. 책의 내용에 문제가 될 만한 부분은 없었을까. 궁금증이
줄줄이 일어난다. 선비들이 무턱대고 이 책을 읽지는 않았을 터, 그
들은 시대적 현안을 해결하는 데 『중용』의 도움을 기대했을 법도 하
다. 아래에서는 이런 문제들을 하나씩 풀어볼 것이다.

가려진
중용의 역사

이쯤에서 우리는 『중용』이 과연 어떤 책인지를 진지하게 검토할 필요가 있다. 이 책의 저자는 누구이고, 저술 동기는 무엇이었을까. 『중용』이란 책이 하나의 독립된 책자로 각광받기 시작한 것은 언제쯤이었을까. 인기 높았던 주석서로는 어떤 것이 있었을까. 이 책의 요점은 무엇일까. 대강 이런 순서로 『중용』의 역사를 알아볼 계획이다. 그러다 보면 맨 마지막에는 한 가지 물음이 떠오를 것이다. 『중용』의 대명사라고 불러도 좋은 주희의 주석본, 『중용장구집주中庸章句集註』에 대한 조선 선비들의 평가는 어떠했을까.

중용, 조선을 바꾼
한 권의 책

불교와 도교에 맞서기 위해 탄생한 책

자사子思 공급孔伋이 『중용』을 편찬했다. 알려진 대로 공급은 공자의 손자였으며, 자사는 이름도 호도 아닌 하나의 존칭이다. 중국 고대의 경전 『예기』의 주석[疏]에 『중용』의 편자가 그렇게 기록되어 있다. 또 기원전 3세기 공자의 9세손 공부孔駙가 편찬한 『공총자孔叢子』란 책에도 같은 내용이 보인다. 『중용』은 대단히 오래된 저술이지만 편자에 대해서는 거의 의심의 여지가 없다.

자사가 『중용』을 편찬한 동기는 무엇이었을까. 그 당시에는 이단異端의 학설이 크게 일어나 유교가 수세에 몰렸기 때문이다. 중국의 사상사를 훑어보면 유교는 끊임없이 다른 사상들로부터 도전을 받았다. 자사는 『중용』을 통해 사상계의 패권을 장악하고자 했다. 그러나 그 뜻을 제대로 이루지는 못했다.

자사 이후의 대학자인 맹자 때도 이단의 도전이 거셌다. 양주楊朱를 비롯해 묵적墨翟과 고자告子의 반격이 있었다. 이에 맹자는 인의仁義를 주장하며 그들과 일대 논전을 벌였다. 그럼에도 맹자 또한 반대파의 기세를 완전히 제압하지는 못했다.

주周나라가 망한 다음에는 이단의 세력이 더욱 커졌다. 제자백가諸子百家가 일제히 일어나 중국의 사상계는 백화제방百花齊放의 화려한 무대가 되었다. 중국을 통일한 진시황제가 법가를 중심으로 사상의 통일을 강요한 사실은 누구나 다 안다. 그는 유교 경전을 불사르고 수백 명의 유학자들을 생매장한 이른바 분서갱유焚書坑儒를 일으켰다.

자사 공급.
공자의 손자로 『중용』을 편찬했다.

한나라가 중국을 재통일하면서 유교는 부흥했다. 그러나 이후에도 사상계의 패권을 둘러싼 경쟁과 대립은 여전했다. 수백 년 동안 도교와 불교가 유교를 억누르는 현상도 나타났다. 유학자들은 갈 곳을 잃고 수백 년 동안 방황했다.

이야기를 정리해보자. 기원전 5세기 자사는 『중용』을 편찬하여 이단을 없애고 유교의 패권을 강화하려 했다. 그러나 역사는 그의 소망대로 흘러가지 않았다. 도리어 유교는 갈수록 궁지에 내몰리는 일까지 생겼다.

3세기 한나라 때부터 애독서였다

사상투쟁의 도구로 고안된 『중용』, 이것은 오랫동안 유교 경전인 『예기』의 일부로 전승되었다. 정확히는 제27편이었다. 『예기』는 『주례周禮』, 『의례儀禮』와 더불어 유교의 대표적인 예서禮書였다.

『예기』의 내용은 예법에 국한되지 않았다. 정치를 비롯해 학문, 음악을 포함한 일상생활 전반을 다루었다. 『예기』의 편찬은 오랜 시일을 두고 이뤄졌다. 오늘날 우리가 『예기』라고 부르는 책은 기원전 1세기에 한나라의 대성戴聖이 편찬한 것이다. 그 가운데는 자사가 편찬한 『중용』은 물론이고 증자가 편찬한 『대학』도 포함되었다.

후대의 유학자들은 『중용』과 『대학』을 『예기』에서 분리해, 각기 한 권의 독립된 책으로 만들었다. 그 내용의 중요성에 주목했기 때문이다. 『대학』에 관한 이야기는 접어두고 여기서는 『중용』에 초점을 맞추자.

주희.
중국 남송의 유학자로 유학을 집대성하고
성리학을 창시했다.

중용, 조선을 바꾼
한 권의 책

『중용』이란 한 권의 책자가 처음 출현한 것은 언제였을까. 조선시대 선비들은 송나라 유학자들의 역할이 결정적이었다고 확신했다. 명나라 학자들도 그렇게 믿었다. 아닌 게 아니라 주희를 비롯한 송나라 성리학자들이 『중용』의 가치를 높이 평가했다.

송나라 때는 유교의 부흥을 꾀하는 학자들이 여럿이었다. 정호, 정이, 주희가 대표적이었다. 그들은 여러 유교 경전 가운데서도 특히 『중용』을 사상적 무기로 삼아 불교와 도교를 공격했다. 이번에는 큰 효과가 있었다. 송나라 시대에 이르러 유교는 성리학의 이름으로 사상계의 패권을 탈환했다.

주희는 『중용』의 장과 절을 새롭게 나누었고 주석과 해설도 상세히 붙였다. 그러자 지식인들의 호응이 높았다. 주희는 기존의 유교 경전인 『논어』와 『맹자』에 더해, 『중용』과 『대학』을 격상시켜 '사서四書', 즉 네 권의 고전이라 선포했다. 이로 인해 후대의 학자들은 『중용』을 현양한 공을 주희에게 돌렸다.

17세기의 탁월한 조선 선비 조익은 『포저집』에서 정호, 정이 및 주희 덕분에 이 책이 세상에 전하게 되었다고 했다. 천하의 유학자들이 『중용』을 배우게 된 것은 그들의 공이라고 했다(조익, 포저집 제26권, 「중용곤득中庸困得」 서문 참조).

그러나 사실은 달랐다. 『중용』이 한 권의 책자로 독립한 것은 훨씬 오래전의 일이다. 그것은 한漢나라 때부터였다. 이미 그 시절에도 『중용』은 『대학』, 『논어』, 『맹자』와 함께 유학자들의 관심사였다. 17~18세기 청나라 학자 모기령毛奇齡이 『중용』의 유래를 상세히 추적한 글에 나온다. 그는 저서 『사서잉언四書賸言』에서, 『한서漢書』

「예문지藝文志」에『중용설中庸說』이 별도로 언급된 사실을 발견했다.『중용』은 한나라 때부터 의심할 여지없이 한 권의 독립된 책이었다. 모기령의 역사적 탐구는 7세기에 편찬된『수서隋書』로 이어졌다. 거기에 부속된「경적지經籍志」에는 6세기에 양무제梁武帝가『중용강의中庸講義』를 편찬한 사실이 재차 확인되었다.

모기령에 앞서 16세기 명나라의 학자 당백원唐伯元도『중용』의 역사에 관해 중요한 사실을 찾아냈다. 늦어도 3세기 초, 한나라의 가규賈逵가『대학』과『중용』을 합쳐 한 권의 독립된 책자로 만들었다는 것이다.

17~18세기 청나라의 서건학徐乾學도『중용』의 유래를 깊이 연구했다. 그는 17세기의 학자 사문유謝文游가 쓴『중용절기록中庸切己錄』에서 두 가지 흥미로운 사실을 확인했다. 첫째, 11세기 송나라 인종은 과거시험에 합격한 왕요신王堯臣에게『서경』과『중용』을 하사했고, 여단呂端에게는『서경』과『대학』을 하사했다. 이런 사실이 밝혀지자, 사서四書(『논어』,『맹자』,『대학』,『중용』)의 개념이 이미 그 당시에 정립된 것을 알게 되었다.

둘째, 성리학자들 중에서도 횡거橫渠 장재張載가『중용』의 연구에 전념한 최초의 인물이었다. 1040년경 범희문范希文의 강력한 권유에 따라 장재는『중용』을 천착했다.

조선 선비들의 통념과는 달랐다.『중용』은 송나라의 주희 등이 관심을 가지기 수백 년 전부터 유학자들의 애독서였다. 하건마는 조선의 선비들은 성리학의 찬란한 빛에 가려 그런 역사적 사실을 제대로 보지 못했다.

17~18세기의 실학자 이익은 그렇지 않았다. 중요하다고 생각하는 일이면 무엇이든 실증적으로 접근해 차근차근 자료를 섭렵한 덕분이었다. 『성호사설』에서 이익은 다음과 같이 주장했다.

사람들은 정자程子(정호와 정이)가 처음으로 『중용』과 『대학』을 드러낸 것으로 짐작한다. 하지만 장재가 열여덟 살 때 범문정(범희문)이 그에게 『중용』을 읽으라고 권장하였다. 정자 이전에도 『중용』이 존재했던 것이다. 당나라 사람인 이고李翶의 『복성서復性書』에도 구절마다 『중용』과 『대학』을 높이 받들어 사서四書의 규모를 보였다. 범문정이나 장횡거(장재) 이전에도 이 책에 주목한 사람이 있었다.

양나라 간문제簡文帝가 『중용강소中庸講疏』를 하사했을 때, 신하가 감사의 마음을 아뢴 글이 있다. 거기에 다음과 같은 구절이 있었다.

"『중용』은 천경지의天經地義의 으뜸이고, 나가서는 나라에 충성하고 집안에서는 효도하는[出忠入孝] 도리를 갖추었습니다. 참으로 가르침을 세우는 관건이자 덕행의 지침입니다. 1000년 뒤에 성인(공자)이 나시고 또 천자의 명령을 받들게 되지 못했더라면, 구경九經의 순서를 알 수 없었을 것입니다. 이문二門(불교와 도교)의 소행을 아뢸 수도 없었을 것입니다."

(이 글로 미루어) 당나라 이고보다도 앞서 『중용』의 가치를 알아본 사람이 있었다. 명백한 일이다.

이익은 시대적 여건이 좋지 않아서 명나라와 청나라 시대의 문헌을 완비하지 못했다. 그럼에도 집안에 전해오는 여러 책자를 샅샅이 뒤져, 비판적인 문헌 연구를 계속했다. 그는 새로운 지식을 많이 얻었다. 『중용』의 편찬과 유행에 관한 한 이익은 동아시아 최고 수준의 이해에 도달했다(더 자세한 내용은 이 책 4장에 수록된 '이익의 비판적 접근'을 참고하기 바람).

인기 높았던 역대의『중용』해설서

조선 선비들은 여러 해설서들 중에도 주희의 집주본을 정본으로 삼았다. 주희의『중용대전中庸大全』은 글자 수가 3568자요, 131개의 대문(단락)으로 구성되었다. 양적으로는 소략한 편이다. 그러나 책의 내용은 심오해서 난해한 대목이 많았다. 훗날 많은 주석서 및 해설서가 출현한 배경이다.

중국 원나라 때 임기종林起宗이 지은『중용도中庸圖』의 인기도 높았다. 금나라의 반적潘迪이 쓴『중용술해中庸述解』및 명나라 때 주승朱升이 저술한『중용방주中庸旁註』도 호평을 받았다.

조선에서도 다양한『중용』해설서 및 주석서가 나타났다. 그 가운데는 양서로 손꼽히는 책도 한둘이 아니었다. 16세기에 편찬된 이언적李彦迪의『중용구경연의中庸九經衍義』(17권)를 시작으로, 17세기에 나온 조익趙翼의『중용곤득록中庸困得錄』(1권)이 인기였다. 18세기에는 이재李縡의『중용강설中庸講說』(1권)과『중용차기中庸箚記』(1권)가 많은 학자들의 애호 대상이었다. 이덕무李德懋의『관독일기觀讀日記』와『변화기질도變化氣質圖』도 주목을 받았다. 이러한 평가는 이규경의『오주연문장전산고』(경사편 제1권)에 있는「중용에 대한 변증설」을 참고했다.

조선의『중용』해설서는 주희의 집주본을 바탕으로 했다. 선비들은 주희의 가르침을 더 정확히 이해하려고 끊임없이 노력했다. 그러나 이설異說을 주장하는 개성 있는 학자도 나타났다. 17세기의 윤휴尹鑴가 대표적이다. 앞에서 살펴보았듯이 윤휴는 주희의 학설에 구애받지 않고 자신의 독자적인 판단에 따라『중용』을 재구성했다. 그러자 주류 학계의 거센 저항과 비판이 쏟아졌다. 송시열 등은 윤휴에게 사문난적이라는 낙인을 찍고 심하게 배척했다. 이 사태는 조선 사회를 정치적으로 더욱 분열시켰고, 학문 연구의 자유가 크게 훼손되는 등 엄청난 파장을 불러일으켰다.

나는 여러 권의『중용』해설서를 두루 살펴보았다. 그중에서도 19세기의 대학자 이규경李圭景의 설명이 으뜸이었다. 호를 오주五洲라 했던 이규경은, 실학자 이덕무의 손자였다. 그는 박학다식하여 조선은 물론이고 중국의 서적에도 통달했다.『오주연문장전산고』(경사편 제1)에 실린 「십삼경주소十三經注疏 및 제가경해諸家經解와 오경사서대전五經四書大全에 대한 변증설辨證說」을 통해,『중용』의 요점을 정리해보았다.

이규경의 글에는 17~18세기 청나라의 두 학자, 곧 안계安溪 이광지李光地와 목당穆堂 이불李紱의 견해가 고스란히 반영되어 있다. 그 글을 읽어보면『중용』의 핵심에 한 발 다가설 수 있다. 그것은 다분히 형이상학적인 세계관이요 우주관이었다.

우선 이렇게 시작한다. 하늘이 명하여 만물은 각자 성품[性]을 가지게 되었다. 타고난 성품을 그대로 실천하는 것이 도리[道]요, 도리

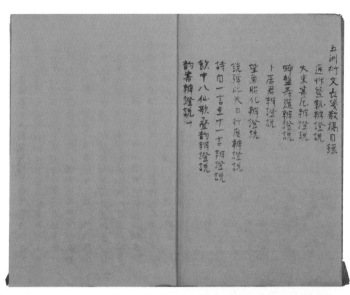

五洲衍文古箋散稿目錄
通州箋瓢辨證說
大宋蕭尼辨證說
婢盤喬道辨證說
卜居君辨證說
望角脆化辨證說
銑彊此天日行度辨證說
詩句一言至十一言辨證說
飲中八仙歌盈韵辨證說
韵書辨證說一

『오주연문장전산고』
(실학박물관 소장).
실학자 이덕무의 손자인
이규경이 쓴
『중용』 해설서도
포함되어 있다.

를 연마하는 것이 가르침[敎]이다.

도리의 본질[本體]은 중화中和, 곧 어느 쪽에도 치우치지 않고 지극히 조화로운 상태를 지향한다. 천지만물은 원래의 모습을 가진 바, 제아무리 작은 공간이라도 그것은 존재한다. 이를 '비은費隱'이라 한다. 그런데 원래의 모습이 전혀 없는데도 효력이 영묘靈妙한 경우도 있다. 이것이 바로 귀신이다.

사람이 본래의 모습대로 산다면 그것을 일컬어 달덕達德, 곧 최상의 도덕성이라 한다. 경우에 따라서 이를 도리에 통달했다든가[達道], 아홉 가지 법을 따랐다거나[九經], 세 가지 중요함을 실천한다든가[三重], 위엄이 넘치는 3천 가지 예법에 통달했다든가[威儀三千] 또는 예의의 300가지 요체를 지켰다[禮儀三百]고 일컫는다.

도리를 실제로 체험한 사람들도 있었다. 이를 셋으로 나누어, 순舜의 지혜[知], 안회顔回의 어짐[仁], 자로의 용기[勇]로 분류한다. 이밖에도 비슷한 경우가 또 있었다. 순의 대효大孝, 문왕의 무우無憂, 무왕과 주공의 달효達孝가 그것이다.

도리를 하나로 꿰뚫은[一以貫之] 이도 있었다. 공자였다. 그처럼 도리를 실천하면 그 공효, 즉 보람과 효과가 나타난다. 그것이 크면, 천지의 일을 돕는다[參贊] 하고, 하늘에 짝한다[配天]거나 독실하고 공경하여 천하를 평안히 하였다[篤恭而天下平]고 평가하기도 한다.

이 모든 행위를 하나로 묶는 힘이 있다. 다름 아닌 정성[誠]이다. 수행의 과정에서 그것은 정성과 정성껏 노력하는 것으로 구별된다.

정성껏 노력한다는 것은 선을 가려 굳게 지키는 일[擇善固執]이다. 배우고[學], 묻고[問], 생각하고[思], 분별하며[辨], 실천해야[行] 한다.

덕성을 높이고 학문을 통해야[尊德性道問學] 가능한 일이다. 공부할 때는 무엇보다도 홀로 있을 때 삼가야 한다[慎獨]. 작은 기미도 알아 채는 능력은 오로지 신독의 결실이다.

한 마디로 성품이란 하늘이 명한 바요, 도리는 성품이다. 또 가르 침이란 바로 도리다. 이 세 가지[性, 道, 敎]는 하나라서 서로 떼려야 뗄 수 없다.

이상의 설명이 『중용』의 요지다. 낯선 개념이 많아서 현대인으로 서는 납득하기 어려운 대목이 한둘이 아니다. 그런 점을 충분히 짐 작하면서도, 나는 난해한 문장을 거의 그대로 살려두었다. 『중용』이 어떤 텍스트인지를 직접 체험할 필요가 있기 때문이다. 현대인의 관점에서 보면 이 책에 기술된 내용은 대체로 지나치게 포괄적이거 나 또는 추상적이라고 할 수밖에 없을 것 같다.

내가 보기에, 『중용』의 가장 큰 특징은 형이상학적 도덕론에 있 다. 때문에 이 책에서는 정성[誠]과 밝음[明]을 상세히 설명하고 중화 中和의 가치를 강조한다. 결국 『중용』의 주장대로라면, 인간은 자신 의 마음을 세워 천명과 일치하는 최고의 경지에 나아갈 수 있다는 것이다. 누구라도 성실한 태도를 끝까지 견지하면 중용의 도에 이 를 수 있다는 결론이다. 대단히 낙관적인 전망이다. 우리는 과연 『중용』의 가르침대로 살 수 있을까. 현대인으로서는 적지 않은 의문 이 들 것이다.

조선의 선비들은 우리처럼 생각하지 않았다. 설사 그런 회의가 들 더라도 노골적으로 표현하지 못했다. 그들은 책의 내용을 잘 이해 하지 못하면 조용히 물러나 사신의 부족함을 돌이보고 스스로를 꾸짖었다.

조선 선비들에게 신이 된 주희

텍스트의 형이상학적 추상성, 이것이 『중용』의 장점이자 약점이었
다. 청나라 학자 이불은 주희의 학문적 관점을 비판했다. 우선 그는
『중용』의 편차부터 문제 삼았다.

『중용』은 본래 한 편의 잘 구획된 글이 아니었다. 그래서 주희는
이를 6개의 큰 단락으로 분류하고, 다시 33장으로 세분했다. 주희의
단락 나누기에도 수긍하기 어려운 점이 적지 않았다. 텍스트 자체
가 본래 애매하게 되어 있었다. 어디서 끊고, 어떻게 이어 붙이는 것
이 좋을지는 학자마다 입장이 다를 수 있었다. 이불만 그런 게 아니
라, 상당수 유학자들이 이 문제로 씨름했다. 아무리 노력해도 원만
한 해결책은 발견되지 않았다.

게다가 주희의 주석 및 해설도 기대만큼 완벽하지 않았다. 이불이
가장 큰 문제라고 여긴 것은 '비은費隱'에 관한 해설이었다. 주희는
비費를 쓰임[用]이 한없이 넓은 것으로 해석하고, 자사의 본뜻이 그
러했다고 단정했다. 즉 자사는 만물의 쓰임이 무한하다고 보았다는
주장이다.

그러나 이불은 이 구절을 하필 자사의 본뜻이라고 확신할 근거가
전혀 없다고 반박했다. 게다가 비費라는 한 글자를 쓰임이 한없이
넓다고 해석한 사례가 과거의 문헌에 전혀 나타나지 않는다고 했다.
요컨대 주희는 언어학적 오류를 범했다는 결론이다. 이 밖에도 이불

은 주석서의 여러 곳에서 주희의 해석이 잘못되었다고 비판했다.

이불만 그런 생각을 한 것은 아니었다. 명·청시대 중국에서도 조선에서도, 많은 학자들이 주희의 주석과 해설이 과연 옳은지 의심을 품었다. 이규경의 입장은 복잡 미묘했다. 한편으로 이불의 견해에 공감을 표시하면서도 주희의 『중용』 주해에 상당 부분 의존하는 입장이었다. 꽤나 애매한 태도였다. 이규경은 왜 그랬을까. 주희의 학설을 노골적으로 비판하거나 도전할 경우 그에게 닥칠지도 모르는 부정적인 결과를 두려워한 것 같다. 알다시피 조선에서는 주희의 견해라면 무조건 믿고 따르는 분위기가 지배적이었다.

주희는 실로 과감한 학자였다. 그는 『대학』을 주해할 때, 원문에 없는 글귀까지도 스스로 지어냈다. 이 때문에 『대학』은 본문을 상당히 왜곡하는 결과를 낳았다. 이규경 같은 선비들은 그 사실을 정확히 알고 있었다.

『대학』에 비하면 주희의 『중용』은 그래도 나은 편이었다. 원문에는 손대지 않았기 때문에 텍스트 자체의 신빙성은 높았다. 이규경은 주희의 『중용』에 여러 가지 장점이 있다고 판단했다. 내용상으로도 지리멸렬한 대목이 거의 없어, 큰 폐단이 없는 편이라고 변호했다. 그럼에도 주자의 단락 나누기에는 문제가 있다고 판단했다. 그역시 몇 군데는 손질하는 편이 차라리 낫겠다는 의견이었다.

조선의 주류 선비들은 나라가 망한 뒤에도 주희의 주장을 일점일획도 의심하지 않고 철저히 신봉했다. 그들에게 주희는 신적인 존재였다. 그러나 이규경은 주희의 『중용』 해설에도 다소의 수정이 필요하다고 보았다. 그러면서도 이런 생각을 과감하게 내세우지 못했다. 때문에 그는 이불과 같은 청나라 학자를 끌어들여 방패막이로 삼은 것이 아니었을까.

이쯤에서 이야기를 정리해보자. 흥미로운 한 가지 사실이 내 의식의 표면 위로 떠올랐다. 주희의 『중용』에는 상당한 난점이 잠복해 있다는 것이다. 조선의 선비들은 그런 문제를 과연 어떻게 다루었을지 궁금해진다.

불완전하고 열린
텍스트

이황의 제자 중에 조호익曺好益이란 선비가 있었다. 그는『중용』제 12장「연어장」을 읽은 감회를 읊었는데, 그중 한 단락을 소개한다.

한 이치와 정성스러운 신령은 본래 같다오[一理誠神本己同].
모름지기 처음부터 끝까지 경敬 한 글자를 잃지 마오[須將敬字始兼終].
하늘과 못은 내게서 먼 바깥이 아니거든[天淵不外吾方寸]
물고기 뛰어오르고 솔개 훨훨 나는 뜻이 그 안에 절로 있다오[魚躍鳶
飛自在中].
(조호익,『지산집』제1권)

「연어장」은 마치 한 폭의 그림을 보는 느낌을 준다. 물고기가 연못에서 뛰어오르고 솔개가 창공을 훨훨 나는 장면이 그려진다. 본래 『시경』에 수록되어 있는 내용이다. 저 하늘 높은 곳에서도 낮은 땅 밑에서도 자연의 이치가 훤히 드러난다는 뜻이다. 만물이 제 살 곳을 발견해 즐겁고 유쾌하게 사는 모습이다. 『중용』이 추구하는 이상세계는 그것이었다.

조선 선비들은 『중용』을 읽으며 무슨 생각을 했을까. 그들은 어떤 질문을 가졌을까. 누가 어떤 대답을 그들에게 제공했을까. 아래에서 나는 5명의 선비들을 차례로 소환할 생각인데, 그들은 하나같이 조선 후기의 이름난 선비들이다.

계곡谿谷 장유張維를 시작으로, 명재明齋 윤증尹拯, 농암農巖 김창협金昌協, 형암炯庵 이덕무李德懋, 담헌湛軒 홍대용洪大容이 그들이다.

한 시대를 대표한 그들도 『중용』의 본뜻을 헤아리느라 고심했다. 그만큼 당대의 수재들에게도 어려운 책이었다. 그들은 『중용』을 편찬하고 주석한 주희의 노력을 높이 평가하면서도 거기에 완전히 만족하지는 못했다. 조선 후기의 실학자들 사이에는 『중용』의 권위를 부정하거나 비판하는 움직임이 서서히 일어나고 있었다. 흥미로운 일이 아닌가. 나는 『중용』에 관한 선비들의 질문과 대답에 귀를 기울이느라 자신도 모르는 사이 『중용』의 세계에 더욱 깊숙이 파묻힌 경험이 있다. 이 글을 읽는 독자들도 『중용』의 세계로 여행을 떠날 수 있으면 좋겠다.

장유의 세 가지 의문

앞에서 말했듯, 성리학의 집대성자 주희는 『중용』을 편집하고 자세히 주해했다. 『중용장구집주』(『중용대전』이라고도 한다)가 그것이다. 그의 손에서 탄생한 『중용장구집주』는 『예기』에 실려 있던 고본古本과 완전히 일치하지는 않았다. 17세기 조선의 이름난 문장가요 탁월한 학자였던 장유도 주희의 그 책을 거듭 읽었다. 그러나 아무리해도 풀리지 않는 의심이 세 가지였다.

그의 문집 『계곡만필谿谷漫筆』(제1권, 「중용장구중유의자삼中庸章句中有疑者三」)에서, 나는 그가 제기한 문제점이 무엇인지를 알게 되었다. 번거로움을 피해 여기에서는 그 내용을 간단히 요약할 생각이다.

첫째, 『중용』은 도를 닦는 방법을 자세히 설명한 책이다. "도라는 것은 잠시도 떠날 수 없다. 만약 떠날 수 있다면 그것은 도가 아니다"라고 언명했다. 그런데 문제는 어떻게 도를 닦을 것인가 하는 점이다.

주희는 주석에서, "닦음[修]이란 등급에 따라 차례로 다스리는 것[品節之]"이라 했다. 그러나 차례로 다스린다는 말만으로 닦음이 무엇인지가 절실하게 와 닿지 않는다. 이것이 장유의 큰 불만이었다. 도를 어떻게 닦을까에 관한 주희의 설명이 있기는 했다. 그러나 그런 설명만으로는 장유의 의문이 풀리지 않았다.

또 주희는 예악과 형정을 통해 도를 가르칠[教] 수 있다고 말했다. 장유는 그런 설명을 받아들이기 어려웠다. 왜 그런가. 예악은 도를 차근차근 가르치는 방편으로는 아무래도 불충분하다고 여겼기 때

장유의 영정과 그의 문집『계곡만필』.
장유는 주희의 학설에 의문을 제기한
기개 있는 선비였다.

문이다. 더구나 형정은 마땅한 교육 방법이 전혀 아니었다. 예악과 형정은 백성을 다스리기 위한 수단일 뿐, 선비가 몸과 마음을 닦는 방법은 되지 못했다. 그러므로 장유는 『중용』의 수도修道 방법을 믿고 따르기가 곤란했다.

둘째, 장유는 『중용』의 제12장을 핵심적이라 생각했다. 이 장의 핵심은, "군자의 도는 비費하고 은隱하다"라고 말한 것이었다. 주희는 주석에서, 이 구절을 통해 인간을 비롯한 만물의 일체 행위를 설명했다고 주장했다. 크게는 바깥이 따로 없는 무한대[大無外]요, 작게는 안이 따로 없는 무한소[小無內]가 '비費'이며, 거기에 내재하는 이치이면서도 사람의 육안으로 도저히 관찰할 수 없는 것이 바로 '은隱'이라고 말했다.

그럼 비와 은이라는 두 글자는 『중용』 전체를 포괄하는 주장인 셈이다. "처음에 일리一理를 말하고, 중간에 만사萬事로 확산한 다음, 다시 합쳐 일리一理로 귀결한다"라는 『중용』의 근본 취지에 해당하는 것이 바로 이 두 글자다. 장유는 그렇게 이해했다.

그러나 그것은 물론 장유의 생각일 뿐이다. 후대의 학자들은 다르게 보았다. 어떤 선비는 효제孝弟, 즉 효도와 우애를 이 책의 핵심 메시지로 읽기도 했고, 또 다른 선비는 주희가 무한대의 개념으로 이해한 '비'를 아예 부정하기도 했다. 『중용』이란 텍스트를 읽고 소화하는 방법은 사람마다 다르다. 그것은 불완전하고도 열린 텍스트이기 때문이다. 사실 그 점이 『중용』의 끝없는 매력인지도 모른다.

이와 별도로, 장유가 보기에는 한 가지 심각한 문제가 있었다. 주희는 『중용장구집주』에서 '비은'이라는 두 글자를 충분히 설명하지 못했다는 점이다. 주희는 비와 은에 관한 『중용』의 설명이 제12장부터 제20장까지로 한정된다고 말했다. 이러한 주희의 견해에 장유는 아무래도 동의하기 어려웠다. 비와 은이야말로 『중용』 전편을 흐르는 핵심 사상이라고 확신했기 때문이다.

셋째, 장유는 주희의 편집 방식에 대해서도 문제를 제기했다. 고전을 아무리 살펴보아도 단 하나의 구절[句]이 독립된 장章을 이룬 적은 없었다. 그런데 주희는 "도가 행해지지 않을 것이다[道其不行矣夫]"라는 한 구절을 떼어서 제5장으로 독립시켰다. 아마도 이 구절의 앞에 "자왈子曰"이라는 두 글자가 있기 때문에 그렇게 한 것으로 짐작되지만, 장유는 납득할 수 없었다. 하나의 구절로 하나의 장을 삼는 것은, 문장을 구성하는 방법이 아니었다.

장유는 16세기 말에 태어나 17세기 전반까지 살았다. 그 당시는 사상계가 그다지 경색되지 않았다. 덕분에 조선의 개성 있는 학자들은 이곳저곳에서 자신의 주장을 펼쳤다. 그때는 아직 무조건 주희의 학설을 추종하지 않아도 되던 시절이었다. 장유는 주희를 깊이 존경했으나, 양명학에도 큰 매력을 느꼈다. 그의 문집에는 양명학에 관한 그의 학문적 관심이 은연중에 나타나 있다. 과연 후세의 학자들은 장유가 최명길 등과 더불어 양명학에 호의를 가졌던 것으로 평가했다.

그는 주희의 학설에 큰 의문을 제기하며, 자신의 입장을 아래와 같이 당당하게 변호했다. 기개 있는 선비의 발언으로, 오늘날의 입장에서 보아도 결코 손색이 없는 탁견이다.

선유先儒의 정설定說을 깍듯이 따르고 지키는 것이 마땅한 일이다. 그러나 마음속에 의심이 가시지 않으면 연구를 거듭하는 것이 옳다. 식견이 탁월한 군자가 있다면 내가 제기한 의문을 깨끗이 풀어주기 바란다.

(장유, 『계곡만필』 제1권, 「중용장구중유의자삼」)

윤증과 김유의 질문과 대답

명재 윤증은 장유보다 한 세대 뒤에 살았던 사람이다. 그는 우암 송시열과 비교될 정도로 큰선비였다. 처음에는 두 사람이 정다운 사제관계로 출발했지만 관계가 파탄이 나면서, 조선 사회에 큰 앙금을 남겼다. 이른바 노론과 소론의 분당分黨이다. 따지고 보면, 『중용』을 둘러싼 견해 차이가 그들의 결별에 중요한 계기로 작용했다.

아래에서는 윤증이 김유金楺라는 선비와 주고받은 편지를 살펴보려 한다. 두 사람 사이에 문답이 오간 것은 1683년부터 1699년 사이였다. 질의서를 보낸 진사 김유는 장래가 촉망되는 젊은 선비였다(1683년 진사). 답변에 나선 윤증은 당시 50~60대의 장년으로, 명성이 높은 선비였다. 김유는 1699년(숙종 25) 47세로 뒤늦게 문과에 급제해, 말년에는 홍문관과 예문관의 대제학을 지낼 정도로 명망이 높았다. 저술로는 『검재집儉齋集』 등이 있다. 박세채와 송시열의 제자로도 손꼽힌다.

여기서 두 사람의 문답을 자세히 소개할 여유는 없고, 두 가지만 짧게 언급한다. 그것으로도 『중용』에 관한 17세기 조선 선비들의 태도 및 관심 분야를 내강 짐작할 수 있다고 믿어서다. 그들의 문답 내

중용, 조선을 바꾼
한 권의 책

용을 상세히 알고 싶으면, 윤증의 『명재유고』(제21권, 「진사 김유가 중용을 물어 대답한다」)를 참고하기 바란다.

질의서 서두에서 김유는 13~14세기 중국의 성리학자 허겸許謙을 격렬히 비판했다. 허겸은 '중中'의 개념에 관한 주석에서 정호와 정이 형제의 설명을 인용했다. '중'이란 치우치지 않은 것이라고 했다. 그러나 이 설명만으로는 그 개념을 옳게 이해할 수 없다는 것이 허겸의 주장이었다. 김유의 생각은 달랐다. 주희가 높이 평가한 정씨 형제를 허겸이 비판한 것은 아무래도 경솔한 태도라고 여겼다.

나는 윤증의 대답이 무척 궁금했다. 그는 우선 주희의 본의부터 차근차근 따져보았다. "치우치지 않고 기울지 않는다"라고 주희는 말했다. 이것은 과연 무슨 뜻일까. '아직 표현되지 않은[未發]의 중中'을 가리킨다. 또 "지나침도 없고 부족함도 없다"는 말은 '그때그때 상황에 맞는 중[時中]'을 설명한 것이었다.

그럼 김유가 비판한 허겸의 주장은 어떻게 보아야 할 것인가. 정씨 형제의 설명은 주희보다 세밀하지 못한 약점이 있기는 했다. 그러나 오류는 아니었다. 허겸을 지나치게 배척할 필요는 없다. 이것이 윤증이 내린 결론이었다.

17세기 후반 조선에는 김유와 같은 선비들이 적지 않았다. 그들은 주희를 비롯하여 정호와 정이 등을 성현으로 떠받들었다. 누구도 감히 성현을 비판해서는 안 된다는 분위기가 그 시대의 정론이었다. 김유가 허겸의 몇 마디 사소한 발언을 침소봉대하여 마치 큰 문제라도 되는 것처럼 여긴 것은 시대적 분위기를 반영했다.

그에 비해 윤증의 태도는 너그러웠다. 마땅한 일이 아니었을까 한다. 복잡한 철학적 문제에 대해 누구나 이구동성으로 같은 대답을 내놓아야 할 이유는 없을 것이다. 시공을 초월해 세상에는 다양한 의견이 공존하는 편이 그렇지 않은 것보다 훨씬 좋다.

김유와 윤증에게는 좁히기 어려운 관점의 차이가 존재했다. 이어서 소개할 그들의 문답에서도 재차 확인되는 바다. 김유는 주희의 제자 반병潘柄이 쓴 주석을 비판했다.『중용』제1장에는 "어두운 곳보다 더 잘 드러나는 곳은 없다"라는 대목이 있는데, 반병, 곧 삼산반씨三山潘氏는 이렇게 주석을 달았다.

> 나타난 지도 오래인 데다가 이미 힘을 기울여 하고 있는 일이 있다고 하자. 그 경우에 자신의 마음도 온통 그 일에 쏠려 있고 정신도 그 일을 처리하는 데에 사로잡힐 것이다. 그 때문에 인간은 일의 옳고 그름과 이해득실을 깨닫지 못하는 수가 있다.

김유는 반병의 주장에 부분적으로만 수긍했다. 만약 진실로 선한 일이라면 오랜 시일이 지날수록 오히려 더욱 정밀하고 뚜렷해질 것이라고 믿었다. 어찌하여 인간이 그것을 지각하지 못할 수가 있겠냐는 것이 김유의 반론이었다.

윤증의 대답은 조금 달랐다. 반병의 주장에는 자기 자신을 경계하고 질책하는 깊은 뜻이 숨어 있다고 했다. 읽는 사람마다 두려운 마음이 들 정도로 진지하다는 것이다. 그런 점에서 반병의 주장에 무조건 찬성하는 것은 아니지만, 깊이 음미할 점이 있다고 말했다. 윤증은 자신의 답변을 이렇게 매듭지었다. "어찌 이렇게까지 공격하여 배척하십니까?"

실로 그러했다. 17세기 후반 김유 등 조선의 많은 선비들은『중용』의 본문은 물론이고 주석까지도 샅샅이 탐색했다. 그들은 털끝만큼의 의혹도 남기지 않으려 노력했다. 그들의 학구열은 실로 대단했다. 그러나 자신들과 조금이라도 다른 견해를 만나기만 하면 심하게 공격하고 배척했다. 그 시대의 분위기가 그러했다.

김창협이 분석한『중용』의 모순

17세기의 또 다른 거유巨儒로 농암 김창협이 있었다. 그는 병자호란 때 척화파로 이름난 청음 김상헌의 증손이요, 영의정 김수항의 아들이자 영의정 김창집의 아우였다. 그러나 세상풍파를 싫어해, 일찌감치 벼슬을 버리고 시골에 은거하며 학문에 마음을 쏟았다.

김창협은 노론의 대표적인 학자였다. 송시열의 직접적인 제자는 아니었으나 학문적으로 밀접했다. 1678년(숙종 4), 약관 28세의 김창협은 송시열에게 편지를 보내,『중용』에 관해 질문했다. 그때 송시열이 어떤 답장을 보냈는지는 확인되지 않는다. 어떻든 간에 김창협의 질문지를 통해 당대의 수재들에게 과연『중용』의 어떤 구절이, 왜 문제였는지를 엿볼 수 있는 좋은 기회다.

김창협의 편지에는 6개의 질문이 빼곡히 적혀 있다. 그중 세 가지만 소개해볼까 한다. 나머지는 김창협의『농암집』(제12권, 「우재 선생께 올리는『중용』의 의문점에 대한 문목–무오년)을 직접 살펴보기를 권한다.

첫째, 김창협은 인간과 동물의 본성이 과연 같은 것인지를 따져 보았다. 그 배경에는 『중용』 제1장의 주석이 있었다. "인간과 동물은 각기 하늘이 부여해준 이치대로 건순오상健順五常의 덕을 삼는 다"라는 구절이었다. 이 문장대로라면 만물은 오상, 즉 오륜의 도덕을 온전히 타고났다는 뜻이 된다. 그럼 인간과 동물은 본질적으로 차이가 없다는 것일까.

김창협은 이의를 제기했다. 비록 개미가 군신君臣 관계를 유지하고, 호랑이와 승냥이가 부자父子 관계를 안다 해도, 동물은 오상의 일부를 부여받았을 뿐이라고 생각했다. 그는 주희의 발언을 인용해가며, 동물이 어찌 인의예지를 온전히 부여받겠느냐며 강력한 의문을 제기했다.

둘째, 본성과 성정性情(감정)에 관한 의문이었다. 일찍이 주희는 귀신의 본성과 성정을 설명하면서 보아도 보이지 않고 들어도 들리지 않는다고 했다. 그는 불교 및 도교와 이념투쟁을 벌여야 했기 때문에 초자연적 존재인 귀신의 본질을 이해하기 위해 나름대로 노력을 기울였다. 그런데 주희의 귀신관은 일정하지 않았던 것 같다. 주희는 또 다른 글에서 음양의 두 가지 기운이 저절로 오고 가는 중에 때로는 사라지고 때로는 나타나기도 하는 것[良能]이 곧 귀신의 본성과 성정이라고 말했다. 요컨대 귀신이란 존재는 있다가도 갑자기 사라지고, 사라졌다가도 홀연히 나타난다고 보았다. 말 그대로 신출귀몰한다는 것이었다.

김창협은 주희의 귀신론을 깊이 분석했다. 그 결과 잠정적인 결론을 내렸다. 보아도 보이지 않고 들어도 들리지 않는 귀신의 성정과 사라졌다 나타나는 등의 성격은 전혀 별개의 특징이라는 판단이었다. 김창협으로서는 주희가 이 두 가지를 모두 귀신의 성정이라 주장한 까닭을 이해할 수 없었다.

셋째, 『중용』 제18장의 주석이 논리적으로 모순된다는 지적이었다. 주희는 주석을 통해 "자신의 입장을 미루어 남에게 미친다"라고 했다. 그런데 예로 제시된 두 가지 중 하나는 부적절한 것으로 보였다. 먼저 예시된 것은 제사였는데, 이것은 전혀 문제되지 않았다. 예부터 임금이 제사를 극진히 모셨고, 아랫사람들도 이를 본받아 실천했기 때문이다.

또 다른 예로 등장하는 상복喪服제도가 문제였다. 고대부터 윗사람일수록 상례를 간략하게 지내는 풍습이 있었다. 삼년상은 누구나 지켜야 할 법도가 되었지만, 처음에는 그렇지 않았다. 그것은 백성이 준수하는 법도였다. 그러다가 나중에는 최상위 계층까지도 수용하게 되었다. 따라서 상복제도를 근거로, '자신을 미루어 남에게까지 미친다'고 주장하는 것은 어불성설이었다. 김창협은 그렇게 생각했다.

청년 김창협의 합리적이고 분석적인 태도가 놀라울 따름이다. 그는 경전의 가치를 조금도 부정하지 않으면서, 그 안에 내재하는 크고 작은 모순을 꼼꼼히 파악했다. 그의 성실한 태도가 돋보인다. 아마 이런 자세로 공부한다면 누구라도 결국에는 크게 성공할 것이다.

이덕무, 주희의 오류를 폭로하다

18세기 후반에 활동한 실학자 이덕무는 앞에서 살펴본 여러 선비들과는 큰 차이가 있었다. 그는 주희의 『중용』에 문제점이 많다고 생각했다. 그러나 주희를 직접 공격하는 것은 현명하지 못한 태도라고 판단했던지 우회적인 방법을 모색했다.

이덕무는 『중용』이 본래 실려 있던 『예기』를 주석까지 면밀히 검토했다. 그는 색다른 방법으로 주희의 해석에 어떠한 문제가 있는지를 날카롭게 파헤쳤다. 그의 저서 『청장관전서』(제8권, 「예기억2禮記臆二」)에서 나는 흥미로운 대목을 발견했다. 그 일부를 아래에 발췌해볼 생각이다. 세 가지만 예를 들어보겠다.

첫째, "군자의 도는 어디에나 퍼져 있으나 여간해서는 보이지 않는다[君子之道 費而隱]"라고 한 『중용』의 제12장이 문제적 표현이었다. 주희가 이 구절을 어떻게 해석했는지는 앞에서도 언급했지만 주의를 환기하려고 다시 옮겨본다. 군자의 덕은 쓰임이 넓어 미치지 않는 곳이 없으나 눈에 잘 띄지 않는다는 말이다.

2세기 중국의 학자 정현鄭玄이 쓴 『예기』의 주에 따르면, 그 해석은 완전히 달라진다. 이덕무가 조사한 결과, 본래 이 문장은 군자가 은둔할 시기를 말한 것이었다. 여기서 비費란 글자는 '궤佹', 곧 어그러진다는 뜻이다. 도와 어긋나면 숨고 어긋나지 않으면 벼슬에 나아간다는 말이다. 또 다른 주석에서도 비슷한 뜻이 담겨 있었다.

군자는 난세를 만나 도가 어그러지면 은둔하여 벼슬하지 않고, 도가 어그러지지 않으면 벼슬한다.

이덕무의 결론은 명쾌했다. 『중용』 제12장의 뜻은, "나라에 도가 있으면 녹을 먹는다[邦有道穀]"는 것과 마찬가지였다. 이것은 주희의 『중용』 해석과 천양지차가 있었다. 동일한 문장을 어쩌면 이렇게 다르게 해석할 수 있을까. 만약 정현이 옳다면, 주희는 그른 것이다.

둘째, 『중용』 제18장의 후반부에, "한 번 융의를 입어서 천하를 얻었다[壹戎衣而有天下]"라는 문장이 나온다. 양신楊愼이 쓴 『예기』의 주석을 보면, 그 구절에 대한 주희의 해석은 완전히 그릇되었다. 양신은 15~16세기 명나라의 학자였다.

양신은 본문의 '의衣'는 '은殷'으로 읽어야 한다고 주장했다. 제齊나라에서는 은殷을 의衣라고 발음했단다. 이 구절의 뜻은, '군사를 일으켜 단신으로 은나라를 정복했고, 결국 천하를 정복했다'는 것이다.

7세기 당나라의 공영달孔穎達 등이 편찬한 『오경정의五經正義』를 보아도 틀림없는 일이었다. 그 책을 보면, 『상서尙書』의 무성武成에 나오는 '일융의一戎衣'는 한 번 융의를 입어 은殷을 멸망시킨다는 뜻이었다. '일一'이란 글자는, 경문經文에서 '주나라 무왕이 태왕大王, 왕계王季 및 문왕文王의 위업을 계승하여, 한꺼번에 은을 멸망시켰다'는 내용을 염두에 두고 쓴 것이었다. 세 분의 업적을 토대로 해서 '일一'(대뜸 한 번에 성공했다는 뜻)이라고 했다. 세 분의 업적을 바탕으로 했기에 일신一身이 은나라를 멸망시켰다는 것이다.

주석을 붙인 양신은 무슨 이유로 '의衣'를 '은殷'이라 읽었을까. 역사를 살펴보면, 무왕은 재위 11년 맹진孟津에서 이미 군사를 사열했고, 2년 뒤인 무왕 13년에 주紂를 멸망시켰다. 무왕은 융의를 두 번 입었던 것이다. 따라서 '한 번 융의를 입었다[一戎衣]'라고 하면 틀린 해석이 된다. 이런 사정을 두루 고려하면, '의衣'를 '은殷'으로 해석해야 옳다는 결론이 나온다. 그러므로 양신은 주석에서, '제나라 사람은 은나라를 의라고 불렀다'라고 명기했다.

이덕무는 공영달과 양신의 주석을 자세히 소개했다. 믿을 만하다고 보아서였다. 이처럼 그는 우회적으로 주희의 『중용』 해석을 날카롭게 비판했다.

끝으로, 한 가지만 더 추가한다. 『중용』 제20장에 알쏭달쏭한 구절이 또 하나 있다. "사람의 도리는 정치에 민감하게 나타나고, 땅의 도리는 나무에 민감하다[人道敏政 地道敏樹]"라는 구절이다. 주희는 이 문장을 그렇게 해석했다.

그런데 『예기』의 주석을 보면 그 역시 뜻이 달라진다. '민敏'이란 글자는 '힘쓰다[勉]'란 글자와 뜻이 같고, '수樹'는 초목을 심는 것이라 했다. '민敏'은 더러 '꾀하다[謀]'의 뜻으로도 해석된다고 했다.

이덕무는 '민'을 '꾀하다'는 뜻으로 볼 수 없다며, '힘쓰다'로 확정했다. 『중용』 제20장은, "사람의 도리는 정치에 힘쓰는 데 있고, 땅의 도리는 나무 심기에 힘쓰는 것이다"로 해석하는 것이 옳다는 주장이 된다.

이덕무의 글을 읽는 동안 두 가지 생각이 동시에 떠올랐다. 첫째, 주희는 정말 상상력이 풍부한 인물이라는 것이다. 그는 한자어에 관한 고전적인 지식이 부족했다. 하지만 그는 아랑곳하지 않았다.

주희는 자신의 상상력을 바탕으로 전통적인 해석을 과감히 부정하고, 『중용』을 완전히 새롭게 형이상학적으로 해석했다. 천 년의 세월이 흐른 지금까지도 많은 사람들이 주희의 해석에 매달릴 정도로 그의 매력은 대단하다. 참으로 놀라운 일이다.

둘째, 나는 이덕무의 접근방법이 무척 신선하다고 생각했다. 그 시절에는 성리학이 국시國是였다. 누구도 감히 주희를 정면으로 부정하거나 비판하기 어려웠다. 한데 비판정신에 충일한 이덕무는 좌시하지 않았다. 그는 훈고학 또는 고증학을 토대로, 『예기』에 관한 주석서들을 모아 주희의 오류를 폭로했다. 퍽이나 속이 후련했을 것이다. 그런데도 이덕무는 자신의 감정을 극도로 절제했다. 참으로 대단한 선비가 아닌가. 훗날 그의 손자 이규경은 할아버지 이덕무의 학문을 높이 평가했다. 결코 사사로운 정에 이끌려 그랬다고 볼 수 없다.

홍대용이 지적한 『중용』의 다섯 가지 문제점

18세기 후반에 활약한 실학자 담헌 홍대용도 퍽 개성 있는 인물이었다. 그는 미호渼湖 김원행金元行의 제자로 노론의 학맥을 이었으나 전혀 고루하지 않았다. 1765년(영조 41), 35세의 나이로 연행길에 올라 항주의 선비 엄성嚴誠, 반정균潘庭筠, 육비陸飛 등을 깊이 사귀었다. 특히 엄성과는 교의交誼가 무척 깊어, 귀국한 뒤에도 여러 차례 서신을 주고받았다.

홍대용은 우리가 북학파라 부르는 서울의 여러 선비들과도 우정이 깊었다. 그러나 자신의 내밀한 생각을 그들에게 털어놓기는 부담스러웠던 모양이다. 외려 수천 리 바깥에 있던 엄성에게 속내를 고백하는 편이 편했던 것이다.

홍대용의 『담헌집』에서 나는 한 통의 진기한 서신을 읽고 무릎을 쳤다(내집 1권). 「항주 선비 철교 엄성에게 중용의 뜻을 묻는다[寄書杭士嚴鐵橋誠問庸義]」라는 제목의 글이다. 홍대용은 이 편지에서 조선의 문화적 풍토를 비판했다. 곧 이어서 주희의 『중용』에 대한 불만을 조목조목 거론했다. 아래에서는 그 요점을 간단히 요약해보려 한다.

우선 편지의 서두에서 홍대용은 조선 선비들이 주희를 존숭하는 경향이 너무 지나치다고 비판했다.

"우리나라에서는 주자를 존경하고 숭상하여 학문이 순정醇正하기는 하나, 중국처럼 학풍이 너그럽고 활달하지 못합니다."

또 이렇게도 말했다. "주자의 학설에 비위를 맞추며 신하 노릇을 하지 않는 사람이 이곳에는 별로 없습니다."

이어서 홍대용은 주희의 『중용장구집주』를 비판의 도마 위에 올렸다. 그는 비판의 명분을 다름 아닌 주희의 주장에서 찾았다. 일찍이 주희는 경전 해석의 방법을 논하면서 유의할 점을 다음과 같이 말했다.

"차라리 소홀할[疎]망정 너무 꼼꼼하게[密] 하지 마라. 차라리 서투르게[拙] 하는 편이 정교한[巧] 것보다 낫다."

이런 주장과 『중용』의 속내는 무척 달랐다. 홍대용이 주희의 집주集註를 자세히 살핀 결과였다. 주희는 자신의 주장과 달리 지나치게 꼼꼼한 주석을 날거나 징교힘이 지나칠 때가 많았다. 홍대용이 『중

중용, 조선을 바꾼
한 권의 책

청나라 문인 엄성이 그린 홍대용.
18세기 조선의 경색된 지적 풍토 탓에 홍대용은
주희에 대한 비판적인 생각을 북학파 벗들에게도 털어놓지 못했다.
대신 수천 리 바깥에 있는 엄성에게 속내를 고백했다.

용장구집주』를 집중적으로 연구한 것은, 연경에서 돌아온 그 이듬해(1766)였다. 그해 겨울, 그는 서울의 자택에 파묻혀 『중용』과 씨름했다. 이제 그가 지적한 『중용』의 문제점을 다섯 가지로 압축해보려 한다.

첫째, 제1장의 주석을 보면, 천지가 제자리를 잡으면 '중中'에 도달하는 효과가 있다고 했다. 만물을 길러 '조화로운 경지[和]'에 도달하는 효험도 있다고 했다. 얼핏 옳은 말처럼 들리지만 실속은 없었다. 경전의 가르침에 특별한 보탬도 없고, 배우는 이들에게 실질적인 도움이 안 되는 빈말에 가까웠다. 홍대용은 그 점을 신랄히 비판했다.

둘째, 제2장부터 제10장까지는 공자를 인용해 중용의 의미를 거듭 밝혔다. 예컨대 삼덕三德, 곧 지智, 인仁, 용勇을 장으로 나눠 위아래가 빈틈없이 연결되었다. 홍대용은 바로 그러한 점을 문제로 인식했다. 옛사람들의 충후忠厚한 성품과 진솔함을 미루어볼 때, 당시에 쓴 글이 이렇게 공교할 수는 없는 노릇이었다. 홍대용은 『중용』이 과연 옛 성현의 글인지를 의심했다.

셋째, 제9장의 내용에도 납득하기 어려운 점이 발견된다고 했다. 특히 천하의 국가를 균등하게 다스리는 것을 지知(지혜)라고 보았던 점, 그리고 벼슬과 녹봉을 사양하는 것을 인仁으로 주석한 것은 아무래도 억지에 가까웠다. 홍대용의 생각은 그러했다.

넷째, 제13장은 도道가 보통 사람에게서 결코 멀리 떨어진 것이 아니라고 주장했다. 그러나 정작 성인으로 추앙되는 공자는 자신이 도를 하나도 실천하지 못했다고 고백했다. 주희는 주석에서 그 말을

166

순순히 받아들여 성인도 도리를 실천할 수 없다고 썼다. 홍대용은 그 점을 이해하기 어렵다고 말했다. 만일 사실이 그러했다면, 우리는 장차 무엇을 도라 일컬으며, 무엇을 공부하겠느냐는 의문이었다.

다섯째, 제20장의 주석도 문제였다. 주희는 지혜[知]와 어진 성품[仁]에는 감히 넘어설 수 없는 최상의 등급이 존재하는 것처럼 주장했다. 그는 덕성[德]에도 여러 등급이 있다고 보았다. 이것은 아마도 잘못이라는 것이 홍대용의 생각이다. 그는 주희가 매사를 지나치게 세분하여 분류하는 경향이 있다고 평가했다.

제21장에서 천도天道와 인도人道를 나눈 것도 지나치게 작위적이라고 홍대용은 비판했다. 제27장에서도 마찬가지였다. 덕성德性을 존중하고, 묻고 배움[道問學]으로써 사람들을 이끈다고 했으나, 하필 '옛것에서 우러내는 것[溫故]'을 '존심存心'으로 간주하고, '예절을 숭상하는 것[崇禮]'을 '치지致知'라고 분류한 것은 말이 안 된다는 견해였다. 이 밖에도 제30장~제33장도 항목을 너무 세밀하게 분류해서 도리어 경전의 본뜻을 저버리는 결과가 나타났다고 주장했다.

한 마디로 홍대용은 주희의 『중용』에 관한 해설에 만족하지 못했다. 더러는 공연히 복잡하게 내용을 이리저리 갈라놓아서 문제요, 때로는 학자가 나아갈 바를 친절하게 일러주지 못했다고 보았다. 또 가끔 억지스러운 주석이 있어 그대로 받아들이기가 어려웠으며, 몇 군데에서는 쓸데없이 빈말을 늘어놓았다고 생각했다. 심지어 옛 사람의 글에 함부로 손댄 것도 마음에 들지 않았다.

그러나 홍대용은 조선의 선비들 앞에서는 서슴없이 주희를 비판할 수가 없었다. 그는 그런 답답한 심정을 이국 만리에 떨어져 있는 중국인 친구에게나 토로할 수밖에 없었다. 이것이 18세기 후반 조선의 경색된 지적 풍토였다. 유감이 아닐 수 없었다.

21세기의 우리는 상당한 수준의 사상적·학문적 자유를 누리며 살고 있다. 다행스러운 일이다. 그러나 불과 10여 년 전만 해도 사정은 지금과 같지 않았다. 자유와 관용은 거저 오는 것이 아니다. 피땀으로 쟁취하는 귀한 것이다.

중용에서
답을 찾다

『중용』은 팔색조와도 같았다. 겉으로 보면 얄팍했지만, 어떤 관점에서 읽느냐에 따라 완전히 다른 지표를 제시했다. 시대가 변할 때마다 『중용』은 조선 사회에 새로운 의제를 던졌으니, 신기한 일이었다.

거시적인 관점에서 보면, 『중용』은 유교의 정통을 보전했다. 이른바 '심법心法'을 담은 것이었다. 이것은 물론 '이단'을 퇴치하기 위한 도구였다. 그러나 16세기 조선 사회에는 성리학을 위협할 만한 이단이 존재하지 않았다. 선비들은 『중용』의 다른 기능에 주목하게 되었다.

그때 선비들의 관심사는 성리학적 이상정치였다. 그들은 이상적인 통치철학을 확립하고자 했다. 회재晦齋 이언적李彦迪이 바로 그런 점에서 최상의 선비였다. 아래에서는 그 점을 좀 더 자세히 설명하려고 한다.

이언적의 후배들은 관심사가 많이 달랐다. 그들은『중용』의 수양론에 집중했다. 이 책의 영향으로 사계 김장생이 홀로 있을 때 삼가는 것[愼獨]을 강조한 사실은 알려진 이야기다. 그의 학통을 이어받은 아들 김집은 아예 자신의 호를 신독재愼獨齋라고 했다. 수양론은 단순한 것이 아니었다. 역시 시대마다 강조점이 달랐는데, 이 책의 전반부에서 설명한 바와 같았다.

18세기 조선에는 격변이 일어났다. 중국으로부터 서학이 들어와 조선 사회 전반에 영성靈性에 대한 호기심이 커진 것도 커다란 변화였다. 보수적인 성리학자의 입장에서 보면 이단의 도전이 거세진 시기라서 그랬다. 이에 선비들은『중용』의 본래 기능을 떠올렸다.

많은 선비들이『중용』에 기술된 귀신에 관한 짧은 설명을 천착했다. 그들은 신의 존재에 대해 성리학적으로 명쾌한 설명을 제시하려고 노력했다. 18세기 조선 성리학계의 거장 미호渼湖 김원행金元行도 예외가 아니었다. 그의 '귀신론'에 내가 관심을 가지는 이유다.

정치란 무엇인가

16세기의 큰선비 이언적에게『중용』은 한 권의 귀중한 경세서經世書였다. 그가 각별히 주목한 것은 제20장에 나오는 구경설九經說이었다. 공자는 노나라 애공哀公에게 정치란 어떻게 하는 것인지를 설명했다. 그때 공자는 아홉 가지를 손꼽았다. 이것이 구경九經이다. 슈

서대로 적어본다. 수신修身이 가장 우선이요, 그다음은 어진 이를 존중하고[尊賢] 나와 가까운 이들을 친애하는 것[親親]이다. 이 밖에 대신을 우러르며[敬大臣], 여러 신하들을 내 몸처럼 여기고[體群臣], 뭇 백성을 자녀처럼 대하는 것이다[子庶民]. 여러 기술자들을 초빙하고[來百工], 먼 지방의 사람들을 너그럽게 대하고[柔遠人], 제후들을 회유하는 것[懷諸侯]이다.

공자가 말한 통치의 요체를 한 마디로 요약해보자. 자신을 바로잡는 근본에서 시작하여 말단에 이르며, 가까운 데서 출발하여 먼 곳까지 두루 미치는 것이 핵심이었다.

이언적과 같은 조선 선비들은 구경을 제대로 이해하고 실천하면 성리학적 이상세계가 실현된다고 믿었다. 이언적이 『중용구경연의中庸九經衍義』의 저술에 착수한 동기였다. 그는 강계의 유배지에서 이 책을 집필하기 시작했다. 앞에서부터 차례로 세 편, 즉 수신修身, 존현尊賢, 친친親親에 해당하는 글을 마쳤을 때 죽음이 그를 찾아왔다. 그의 저술은 미완성에 그치고 말았다.

그의 손자 이준李浚이 할아버지가 못 다한 저술 작업을 이어나갔다. 얼마 뒤 이준은 천도를 본받음[體天道], 천명을 두려워함[畏天命], 가득함을 경계함[戒滿盈] 등을 완성했다.

『회재집』에는 이 책의 취지를 설명하는 서문이 실려 있다(제11권, 「중용구경연의서中庸九經衍義序」). 그 글을 읽어보면, 이언적은 『중용』의 구경설을 『대학』의 팔조목八條目에 조응하는 것으로 확신했다. 그가 보기에 『대학』은 수양 방법에 초점을 맞추고 있어, 정치를 어떻게 할지에 대한 설명이 미흡했다. 반면에 『중용』은 정치의 도리를 알리는 데 치중했기 때문에, 세상을 다스리는 방법을 상세히 설명했다고 평가했다.

이언적은 『중용』과 『대학』을 망라해 통치의 방법을 설명했다. 무엇보다도 공자의 가르침에 따라, 학문을 사랑하고[好學] 힘써 실천하며[力行] 부끄러움을 알아야 한다[知恥]고 했다. 또한 착한 것이 무엇인지 밝히는 것[明善]과 자신의 몸을 성실하게 하는[誠身] 도리를 깨우쳐야 할 필요성도 강조했다. 끝으로 배우고 묻고 생각하고 분별하는[學問思辨] 일이란 어떤 것인지도 설명했다.

이언적의 설명 가운데 가장 근본적인 부분은 무엇일까. 공부를 제대로 해서 선善을 분명히 이해하는 것이었다. 그래야만 자신을 성실히 하여 수신의 도리를 다할 수 있다고 주장했다.

선을 분명히 이해하는 것은, 『대학』에서 말한 격물과 치지에 해당한다. 이 또한 이언적의 믿음이었다. 스스로 정성을 다 하려는 노력이 있다면, 뜻이 정성스럽고[誠意], 마음을 바로하며[正心] 몸을 닦는[修身] 효과가 나타난다고 믿었다. 이언적의 입장에서 보면, 『중용』의 구경설은 사실상 팔조목이나 다름없었다.

그럼 구경설을 실천하는 데 가장 중요한 것은 무엇일까. 이언적은 하늘의 도리[天道]를 본받는 것이라고 잘라 말했다. 임금이 천도를 본받으면 된다. 그래야만 공경하고 두려워하여, 안일하거나 나태하지 않게 된다. 이것이 바로 천명을 두려워하는 것이다. 그는 이렇게 주장했다. 『대학』에서 일컬은바, "상제에 짝하였다[克配上帝]"거나, "명령이 한 곳에 고정되어 있지 않다[惟命不于常]"라는 것도 천명을 두려워한다는 뜻을 달리 표현한 것이라 했다.

만약 임금이 잠시라도 하늘의 도리에서 어긋나면 어떻게 될까. 이 언적의 대답이 궁금하다. 그는 이렇게 천명했다. 형벌을 실시하는 데 사사로운 욕심이 섞이고 마음을 쓰는 데도 잘못이 생겨, 천도에 어긋난다고 했다. 하늘을 공경함에 소홀하면, 임금은 게으르거나 거만해져 결국은 벌을 받게 된다고 했다. 이언적은 하늘을 통해 임금의 게으름과 나태함 또는 거만함을 통제하려 했음이 명확히 드러난다.

한 마디로 『중용구경연의』는 도덕주의를 기초로 한 통치철학이다. 오늘날의 시각에서는 따분하게 느껴질 수 있다. 하지만 16세기 선비들에게는 흥미진진한 내용이었다. 죽음을 앞두고 먼 유배지에서 이언적은 선조 임금에게 당부했다. 한가한 틈이 날 때마다 전하는 이 글을 차분한 마음으로 깊이 음미하여 마음의 근본으로 삼기 바란다고 했다. 임금은 하늘을 본받아 한시도 중단 없이 정진하시라. 그러면 중국 고대의 전설적인 이상군주인 요순임금의 위대한 정치를 이 땅에서 다시 보게 되리라 확신한다고 했다. 이언적은 이 같은 충심을 담아서 구경설을 깊이 탐구했고, 후세도 비상한 관심을 가지고 이 글에 주목했다.

17세기 후반까지도 많은 선비들은 '구경설'이 통치철학의 핵심이라고 확신했다. 1652년(효종 3) 10월, 고산孤山 윤선도尹善道가 효종에게 올린 '시무팔조' 가운데 다음과 같은 구절이 들어 있다.

"나라를 다스리는 큰 도리는 『중용』과 『대학』 두 권의 책으로 족합니다. 『중용』 안에서도 구경장九經章이 가장 절실합니다. 특히 그 가운데서도 정치는 사람에게 달려 있다는 한 조목이 절실합니다. 이 구절에서 배우는 바가 있다면, 나라를 다스리는 것은 손바닥 뒤집기만큼이나 쉬워질 것입니다."

(윤선도, 『고산유고』 제2권, 「시무팔조를 아뢰는 상소[陳時務八條疏]」)

과연 윤선도의 말처럼 정치가 손쉬운 일인지는 확신하기 어렵다. 그러나 『대학』과 더불어 『중용』을 통치철학의 교범으로 여겼다는 사실은 충분히 확인되었다. 또 『중용』 가운데서도 구경설이 그 요체로 인식되었다는 점도 분명해졌다.

어떻게 선한 마음을 보존할 수 있는가

그런데 조선에는 개인적 수양을 더 절박한 문제로 여기는 선비들이 많았다. 그들 또한 『중용』에서 답을 찾고자 했다. 이런 경향은 16~17세기에 더욱 두드러졌다. 조정이 정치적으로 혼란해지자 초야에 머무는 선비들이 늘었기 때문일 것이다.

몸은 비록 벼슬길에서 멀어졌을망정 그들은 군자가 되기를 꿈꾸었다. 그들에게는 군자가 되기 위한 수양론이 절실히 필요했다. 그들이 고매한 수신의 철학을 발견한 것은 『중용』으로부터였다.

한 가지 예를 든다. 김장생은 제자 양진익梁振翊과 함께 '계구신독', 즉 경계하고 두려워하며 홀로 있을 때를 삼가는 일의 중요성을 깊이 검토했다(김장생, 『사계전서』 제5권, 「양진익과 함께 계구戒懼와 신독愼獨의 동정動靜 구분에 대해 논한 설」).

이 논의의 출발점은 『중용혹문』의 한 구절이었다. "군자는 보이지 않고 들리지 않을 때에도 경계하고 조심하며 삼가고 두려워한다. 이는 더욱 (자신을) 엄격히 하고 더욱 (천명을) 공경함이다."

이 글을 읽고 양진익은 깊은 생각에 잠겼다. 위 글에서 말한 경계하고 두려워하는 것은 오직 고요한[靜] 때에 해당한다. 그의 생각은 그러했다.

스승 김장생의 견해는 달랐다. 그는 경계하고 두려워하는 것이 고요할 때의 일만은 아니라고 생각했다. 움직일 때나 조용히 있을 때나[動靜] 항상 그러해야 한다는 것이었다. 왜 그런가. 김장생은 이렇게 설명했다. "중中을 화和와 비교해서 말해보자. 중은 고요함[靜]이요, 화는 움직임[動]이다." 이런 설명에서 알아차릴 수 있듯, 김장생은 수신의 문제를 단순히 행위의 차원에서만 이해하지 않았다. 그는 수신의 실천 방안을 형이상학적 차원으로 끌어올렸다. 결론적으로 김장생은 "혼자만 아는 나 자신의 마음을 다스릴 때도 조심하고 두려워하는 공부에 힘써야 한다"라고 했다.

이언적이 『중용』을 통해 통치철학의 본질에 접근했던 것과는 사뭇 달랐다. 김장생은 형이상학적 세계관과 일상생활에서 일어나는 수양의 문제를 하나로 연결하는 데 주력했으니 말이다.

그보다 한 세대 뒤에 태어난 조익은 더욱더 형이상학적인 성향을 띠었다. 그는 마음의 상태에 대해 많은 사색을 한 끝에, 이렇게 말했다. 마음이 움직이기 전에는 사물이 인식의 대상으로 드러나지 않았으므로, 마음이 어느 한쪽에 치우치는 일이 없다. 마치 거울처럼 비어 있고 저울처럼 공평하다[鑑空衡平]. 주돈이가 '성무위誠無爲'라고 말한 것에 해당한다. 정명도程明道(정호)는 이를 가리켜, '중中'은 하늘과 땅 사이에 정정당당하니 상하좌우 어디든 막힘없이 통하는 바른 이치[正理]라고 말했다. 주자는 이런 상태에 주목해, 움직이기 전에는 기氣가 작용하지 않으므로 선善만 있을 뿐 악은 없다고 했다 [未發之前 氣不用事 所以有善而無惡].

바로 이런 상태에서 선비는 경계하고 삼가며 겁내고, 또 두려워하며 선한 마음을 보존해야 한다. 정자가 이미 말했듯이, 순임금은 새벽에 닭이 울 때 일어나서 아직 어떠한 사물도 접하지 않았을 때 오직 공경[敬]하는 마음을 갖고자 노력했다. 이것이 바로 선을 실천하는 것이라 했다. 내가 보기에 조익의 생각은 김장생과는 상당한 차이가 있었다. 그는 '계구신독'이 고요할 때의 일이라고 보았다.

조익은 마음이 움직일 때의 사정에 관해서도 자세히 설명했다. 마음이 움직이면 공公과 사私가 나뉜다. 절도에 맞으면 도심道心이라, 덕성德性이 발휘된다. 그러나 절도를 잃으면 인심人心이다. 물욕에 사로잡힌 것이다. 주희는 이런 상태야말로 "생사의 갈림길이다[便是生死路頭]"라고 단언했다.

그러므로 조익은 마음을 쓸 때는 부디 깊이 성찰하기를 주문했다. 바로 그런 점에서 모범이 될 만한 것으로, 안회가 개인적 욕망을 이기고 예를 회복한 것[克己復禮]을 손꼽았다.

19세기 선비들은 대체로 김장생과 조익의 가르침을 한 걸음 더 밀고 나갔다. 그들은 더더욱 사변적이고 형이상학적인 태도를 지향했다. 성재省齋 유중교柳重敎가 대표적이었다(유중교, 『성재집』 제25권, 「중용설2」 참조). 유중교라면 화서 이항로 문하의 큰선비였다. 그는 사변적이고 독창적인 학자였다. 마음[心]을 기氣로 보아서, 마음은 이치[理]라고 가르쳤던 정통 성리학자인 스승 이항로와 정면충돌했다. 그럴 정도로 유중교는 개성 있는 선비였다. 그는 또 '계신공구'에 대해서도 큰 관심을 가졌다. 그는 '삼감[愼]'이 곧 '공경[敬]'이라고 결론지었다.

그의 설명을 조금 더 들어보자. 본래 『중용』에서는 보이지 않는 곳에서도 경계하고 삼가며, 들리지 않는 곳에서도 겁을 내고 두려워해야 한다고 강조했다. 유중교에게 이것은 동정動靜을 막론하고 공경이 잠시도 끊어짐이 없는 상태를 뜻했다. 그에게 "홀로 있을 때를 삼간다[愼獨]"는 말은, 안과 밖으로 공경에 힘써 중단됨이 없고, 불순한 것이 조금도 섞이지 않은 상태다. 이것이 유중교에게는 정성[誠]이었고, 그것은 도리[道]와 떼려야 뗄 수 없는 것이었다. 일상생활에서 이런 삶이 어떤 것일지 우리로서는 상상하기가 쉽지 않다.

그런데 유중교의 입장에서 볼 때, 계신공구는 삼감[愼]이었다. 삼감은 두려워하고 존경[畏敬]하는 동시에, 상세히 살피는[詳審] 것이었다. 이러한 태도를 가지고 시종일관 마음을 보존하고 기르며[存養], 성찰하는 공부를 계속하는 것. 이것을 유중교는 수양의 본질로 이해했다.

가톨릭의 도전에 직면하여, 귀신의 정체를 탐구하다

18세기의 조선 사회는 다시 이단의 문제에 봉착했다. 가톨릭(서학)

마테오 리치.
로마 가톨릭교회의 사제이자, 중국을 비롯한 아시아 대륙에 기독교 신앙을 정착시킨
이탈리아 출신 예수회 선교사. 마테로 리치를 비롯해 여러 신부들이
가톨릭 신학, 철학, 지리 등 다방면에 걸쳐 한문 서적을 간행했다.

의 전래를 계기로 초자연적 존재에 대한 의문이 크게 일어났다. 상당수 선비들이 『중용』에서 그에 대한 올바른 답을 구했다. 사상계의 주류였던 노론의 대표적 학자 김원행도 예외가 아니었다(김원행, 『미호집』 제14권, 「중용의 귀신설[中庸鬼神說]」).

그는 자신의 글에서 가톨릭의 천주[上帝]를 직접 언급하지 않았다. 그러나 내가 보기에는 내적 연관성이 깊었다. 알다시피 16세기부터 로마교황청은 신부들을 보내 명나라에서 본격적으로 선교활동을 시작했다. 마테오 리치를 비롯한 여러 신부들이 활약했다. 그들은 『천주실의』를 비롯해 200종도 넘는 한문서적을 간행했다. 가톨릭 신학을 비롯해 철학, 지리 등 다방면에 걸쳐 새로운 지식이 보급된 셈이다. 남달리 지식욕이 왕성한 조선 선비들이 이를 모르고 지나갈 리가 없었다. 천주교 서적의 전래를 계기로, 조선 선비들은 초자연적 존재(귀신)에 깊은 관심을 가졌다.

『중용』 제16장에는 귀신에 관한 설명이 포함되어 있었다. 전반부에서는 귀신의 덕성[德]이 지극히 크다고 말했고, 후반부에서는 귀신을 성리학의 주요 개념인 정성[誠]과 관련지었다. 주희의 설명은 이러했다. 귀신의 덕은 정성인데 그것은 진실한 이치[實理]라는 것이었다. 김원행은 이 구절을 토대로, 귀신은 기운[氣]의 존재가 아니라 이치[理]의 존재라고 주장했다.

그가 존중한 선배 학자 송시열의 견해도 마찬가지였다. 이 사실을 확인하고 나서, 김원행은 귀신이 이치의 존재임을 더욱 확신했다.

그런데 이 문제를 다른 사람과 토론도 하고 책도 읽다가 김원행의 마음이 잠시 흔들렸다. 『중용장구집주』에는 귀신을 '음陰의 영적 존재[靈]'와 '양陽의 영적 존재[靈]'로 나눈 대목이 있다. 다른 곳에서는 그 기운이 위에서 나타나 영험함이 뚜렷이 드러난다고 했다. 또 쑥 향기가 위로 올라가 사람의 마음을 두렵게 만든다고도 했다. 대개 우리가 만물의 정수[精]를 느끼는 방식이 이와 같다고 했다. 영적 존재[神]가 드러나는 방식도 마찬가지라고 했다.

김원행은 이런 구절을 되새기며, 그렇다면 영적 존재라고 해서 모두 이치의 존재는 아닐 수도 있겠다는 생각을 잠시 했다. 더구나 『중용혹문』에서 귀신에 관한 설명을 하면서 대체로 그것을 기운[氣]의 표현이라고 정의했다.

김원행은 귀신, 곧 초자연적 존재의 본질에 대해 오랫동안 숙고했다. 답을 찾기가 어려웠다. 그러던 어느 날 생각이 저절로 정리되었다. 『중용장구집주』에서 언급한 영적 존재[靈]와 양능良能에 관한 서술을 숙고한 결과였다.

영적 존재와 양능은 이치와 기운이 하나로 모인 것이었다. 주희는 양능을 설명하면서 그것은 이치[理]라고 말했다. 김원행은 『주자어류朱子語類』에서도 중요한 시사점을 얻었다. 그 책에는 주희와 면재勉齋 황간黃幹이 귀신에 대해 주고받은 문답이 있었다. 면재의 견해에 따르면, 귀신은 형이하形而下에 속한다. 그런데 『중용』은 형이상形而上의 존재를 언급했다. 김원행이 보기에 바로 이 지점에서 미묘한 문제가 발생했다. 주희의 생각은 무엇일까. 형이하의 존재에 한정하더라도 모두 참된 이치[實理]에서 발현한 것뿐이었다. 그렇다면 형이상이든 형이하이든 귀신은 이치의 존재라는 뜻이 된다.

이 밖에도 김원행은 두어 가지 방법을 추가로 동원해, 영적 존재가 참된 이치의 발현임을 스스로 납득했다. 현대 과학의 입장에서 보면, 과연 귀신의 문제를 이기理氣 철학으로 해명할 수 있을까. 나로서는 의문이 아닐 수 없다.

그러나 그것은 내 생각일 뿐이다. 김원행식의 사고방식이 조선 사회에서는 공명을 불러일으켰다. 19세기 후반 유중교는 거기서 한 발 더 나아갔다. 그는 쉽게 이해할 수 없는 자연현상까지도 귀신의 능력이라 믿었다. 해와 달이 궤도를 도는 것도 귀신의 양능이며, 계절이 차례로 바뀌는 것, 한 번 숨을 내쉬고 들이마시는 것도 귀신의 양능이라고 주장했다. 자연과학의 영역까지도 귀신론에 포함된다는 의견이었다.

가령 『중용』의 제1장에서 기술한 내용, 즉 하늘이 사람과 만물에게 명한 바라든지 천지가 제자리를 잡고 만물이 잘 생육하게 만드는 것도 귀신의 행위라고 보았다. 유중교는 제12장의 서술도 마찬가지라고 확신했다. 솔개가 하늘을 날고 물고기가 물속을 헤엄치며 생동감 넘치는 장면을 연출하는 것도 귀신의 자취라고 말했다.

유중교는 인간의 윤리적 행위도 귀신의 힘 또는 영적인 힘이라고 보았다. 『중용』 제13장에서 사람은 가깝고 작은 일에 독실해야 한다고 말했고, 제20장에서는 멀고 큰일에도 충만하다고 했다. 그런데 이것은 누가 시켜서 그렇게 된 것이 아니다. 자신의 윤리적 명령에 따른 것이다. 유중교는 이와 같이 내적 동기에서 비롯된 일체의 행위도 신비한 일로 간주했다.

귀신론을 마무리하면서 나는 네 가지 사실을 강조하고 싶다. 첫째, 18세기 이후 조선의 성리학자들은 천주교와 서구의 근대적 지식[西學]으로부터 지적 도전에 직면했다. 그러자 눈으로 직접 볼 수도 없고 귀로 들을 수도 없는 초자연적 존재에 대해 본격적으로 검토하기 시작했다.

둘째, 김원행과 유중교의 예에서 거듭 확인되듯, 성리학자들은 이 모든 종교, 철학적 난제를 『중용』을 비롯한 성리학 경전으로 원만히 해결할 수 있다고 확신했다. 그들은 전통적인 학문과는 구별되는 새로운 학문이 필요하다는 사실을 인정하지 않았다.

셋째, 그들의 연구방법은 형이상학에 국한되었다. 그것도 주희를 비롯한 이른바 성현의 권위에 의지했다. 선비들은 이 한계를 좀체 벗어나지 못했다. 이것은 결국 그들의 우주관 또는 세계관이 완전히 해체되기 전에는 불가능한 일이었다.

넷째, 그들의 완강한 태도에도 변화가 일어날 조짐이 조금씩 보이기 시작했다. 앞에서 살펴본 대로 18세기의 실학자 이익과 이덕무 등은 사물에 관해 실증적이고 비판적인 연구방법을 창안했다. 적당한 여건만 갖춰졌다면 그들은 한국의 역사적 운명을 새롭게 개척할 수도 있었을 것이다.

경전의 권위를 넘어선 독자적인 해석

04

윤휴의 새로운 중용 편찬 …
이익의 비판적 접근 …
정약용의 친사륙洙泗 답안지 …

17~18세기에는 『중용』을 깊이 이해하려는 선비들의 노력이 빛났다. 이 장에서는 세 가지에 초점을 맞추려 한다. 첫째, 개성 있는 선비들이 적지 않았다는 사실이다. 백호 윤휴는 주희의 『중용장구집주』에서 벗어나 『중용』을 새로 저술했다. 편차도 바꾸었고, 새로운 주석도 붙였다. 윤휴의 새로운 『중용』은 송시열과 같은 보수적인 선비들의 저항에 부딪혀 '사문난적'의 시비에 휘말렸다. 윤휴의 『중용』은 과연 어떤 점에서 새로웠고, 어떤 점에서 독창적이었는지를 아래에서 검토할 것이다.

둘째, 17~18세기에는 문헌학적 연구를 통해 유교 경전의 거품을 걷어내려는 노력도 있었다. 실증적이고 비판적인 경전 연구가 시작된 것이다. 그 정점에 실학자 성호 이익이 있었다. 『중용』에 관한 그의 연구는 새로운 시대정신의 도래를 의미하는 것이 아니었을까. 이제 조선의 진보적인 선비들은 더 이상 경전을 무비판적으로 숭배하지 않았다. 그들에게 『중용』은 오래된 고문헌의 하나일 뿐 찬양과 미화의 대상만은 아니었다.

셋째, 『중용』에 관한 조선 선비들의 새로운 인식에도 불구하고 주류학계의 입장에 본질적인 변화를 불러일으키지는 못했다. 그 시대의 보수적인 흐름은 우리가 막연히 상상하는 것 이상으로 거셌다. 18세기 후반, 성리학에 정통했던 정조는 주자학의 수호를 자신의 책무로 받아들였다. 왕은 직접 시험문제를 출제해 선비들에게 정학正學인 성리학에 전념하기를 강요할 정도였다. 당시의 복잡한 사정을 다산 정약용의 시권試卷, 즉 시험 답안지를 통해 구체적으로 살펴볼 필요가 있다.

『중용』을 더 정확히 이해하려는 여러 선비들의 시도는 다양한 흐름을 낳았다. 주희의 해석을 고집하는 보수적인 성리학이 여전히 대세를 이루는 가운데 형이상학적인 관념론에서 탈출하려는 노력이 돋보였다고 평가하고 싶다. 그들은 경전의 권위를 부정했다. 나로서는 문헌학적인 연구를 통해 탈성리학의 새 길을 찾아 나선 이익의 노력에 각별한 의미를 부여하고 싶다.

윤휴의 새로운
중용 편집

윤휴는 조숙한 선비였다. 그는 20대 청년시절부터 유교 경전에 대한 독자적인 고증과 주석에 상당한 성과를 냈다. 특히 성리학의 정수를 담은 『중용』과 『대학』의 연구에서 탁월한 실력을 입증했다. 윤휴는 주희의 해석을 비롯해 고금의 여러 가지 학설을 절충하여 독자적인 해석에 도달했다. 그의 활약에 힘입어 17세기 조선의 유학 연구는 새로운 차원에 들어선 듯했다. 이 땅에 성리학이 도입된 지 300년 만의 쾌거였다.

『중용』에 관한 윤휴의 업적은 『백호전서』(36권)에 실린 「독서기 중용」과 「주자중용장구집주 보록」에 실려 있다. 「연보」에도 관련 기록이 짧게나마 언급되어 있다. 이상의 세 문헌을 바탕으로 기술하고

자 한다.

「연보」를 보면, 윤휴는 28세 때(1644, 인조 22) 경기도 여주로 돌아가 백호白湖 마을에 터를 잡았다. 그때 송시열은 윤휴가 여주로 내려간다는 말을 듣고 찾아와 못내 아쉬워했다. 윤휴는 바로 그해에 「중용설中庸說」을 완성했다. 그러나 이 글로 말미암아 두 사람의 우정에 금이 가게 되었다. 참으로 세상일은 예측하기 어렵다고나 할까.

송시열 등의 비판에도 아랑곳하지 않고 윤휴는 자신의 길을 갔다. 그의 『중용』 연구는 계속되어, 52세 되던 1668년(현종 9)에 「중용장구보록서中庸章句補錄序」가 완성되었다. 그때 윤휴는 서울에 살고 있었다. 그로부터 3년 뒤 윤휴는 다시 「중용대학후설中庸大學後說」을 지어 『중용』과 『대학』에 관한 자신의 연구를 매듭지었다.

윤휴는 왜 『중용』에 손을 댔을까

도대체 윤휴는 왜 『중용』에 관해 이처럼 다양한 저술을 남겼을까. 「독서기」에서 그는 이렇게 설명했다.

처음에 『중용』을 읽고 떠오른 생각을 적어두어 장차 토론의 밑천으로 삼을 생각이었다. 그래서 내가 느낀바 중용의 개요[大指]와 바람직한 차례[序次] 및 장구章句에 관한 설명을 간단히 적었다.

윤휴는 비망록을 만든다는 생각으로 간단한 감상문을 작성했던 것이다. 그런데 그 글이 학계를 발칵 뒤집어놓았다. 윤휴의 삶에 모진 풍파가 덮쳤다. 그러나 윤휴는 외부의 압력에 굴복하지 않고 홀로 책상 앞에 앉아 자신의 잘잘못을 천천히 헤아렸다.

몇 십 년을 두고 그 책을 읽고 또 읽었다. 늘 마음에 두고 잊지 않고 연구에 연구를 거듭했다. 그래도 처음 생각과 다를 게 별로 없었다.

다른 사람들은 많은 비판을 쏟아냈으나, 자신의 생각은 조금도 흔들리지 않았다고 고백했다. 윤휴는 송시열 등의 이름은 언급하지도 않았고, 세평을 가타부타 논하지도 않았다. 그러면서도 자신의 확고한 입장을 재천명했다.

회옹晦翁(주희)도 경서經書를 주석할 때 여러 선비의 학설을 절충하여 결론을 내렸다. 그런 다음에도 항상 제자들과 강습을 했다. 또 자신이 직접 체험을 통해 점검도 했다. 혹시라도 설명이 부족하거나, 주장이 아직 미흡한 부분이나 실천이 안 되는 점이 발견되면 다시 수정했다. 또한 그는 토론을 통해 거듭 수정하기를 죽을 때까지 반복했다.

세상은 윤휴가 주희를 함부로 무시했다고 비난했다. 윤휴는 그 점을 뼈아프게 생각했다. 주희도 한 사람의 선비요, 그 자신도 한 사람의 당당한 선비였다. 주희가 『중용장구집주』를 쓴 방법이나 자신이 『중용』을 새로 편집한 것이나 근본적으로 아무런 차이도 없었다. 윤휴는 그 점을 강조하고 싶었다.

선비라면 누구나 맹자가 가르친 대로 호연지기를 가져야 한다. 어떠한 외부의 압력에도 흔들리지 않고 도도한 강물처럼 순리를 따라 앞으로 나아가야 한다. 윤휴는 아마 그런 생각으로 이 글을 썼을 것이다. 그래서 그는 당당할 수 있었다.

> 나의 소견대로 『중용』 원문의 순서를 정했다. 뜻풀이도 했다. 유교의
> 도道를 후세에 전한 자사의 뜻과 사문斯文(유학)을 수호한 주자의 취지
> 는 천 년 뒤에도 더욱 밝게 드러나서 후학들에게 도움이 되기를 바라
> 는 마음에서였다.
>
> (「중용장구보록」)

윤휴는 송시열 등이 자신을 주희의 학문을 어지럽힌 도적으로 규탄하는 현실이 두렵고 괴로웠다. 그는 자신이 결코 성리학의 배신자가 아니라는 점을 못 박았다. 자신의 『중용』 연구를 통해 원저자인 자사의 뜻은 물론, 『중용장구집주』를 지은 주희의 뜻이 더욱 빛나기를 바란다고 적었다.

그럼 이제 한 가지 의문이 생긴다. 송시열과 그 제자들이 윤휴를 사문난적으로 몰아댄 것은 왜일까. 윤휴의 견해는 과연 주희의 뜻과 달랐을까. 달랐다면 무엇이 얼마나 달랐을까.

신비한 책이 아니라 한 권의 실용서일 뿐

대다수의 전통주의자들은 주희의 가르침을 묵수墨守했다. 송시열은 그 대표적인 인물이었다. 17~18세기 조선 선비들은 주희를 성인으

로 여겼다. 그들은 주희의 저작을 절대적 숭배의 대상으로 삼았다. 그 전통은 조선 말까지 그대로 이어졌다. 그들의 시각에서 보면, 윤휴는 당연히 배척의 대상이었다. 윤휴의『중용』연구는 보수주의자들의 비판을 초래하기에 충분했다.

윤휴는 형이상학적 이해를 거부했기 때문이다. 내가 조사해본 결과, 1620년대 이후에 출생한 선비들 사이에는 형이상학에 대한 거부감이 상당히 광범위하게 퍼져 있었다. 그들은 양란(임진왜란과 병자호란) 이후에 청년이 된 새로운 세대였다. 대표적인 인물로 박세당(1629년생)을 비롯해, 정제두(1649년생)와 이익(1681년생) 등이 손꼽힌다. 그들은 형이상학적인 경전 해석에서 벗어나 일상에 집중하는 태도를 보였다. 경전은 평범한 일상을 다루었으므로 굳이 그것을 가지고 어렵고 복잡한 형이상학으로 끌고 갈 필요가 없다는 것이었다.

이런 흐름이 계속 이어져, 18세기 진보적인 지식인들은 형이상학적 경전 해석을 거부했다. 정약용도 이덕무도 홍대용도 모두 그러했다. 그들보다 조금 늦게 태어난 추사 김정희도 마찬가지였다. 그들은 실사구시實事求是, 곧 실지에서 진리를 추구하는 입장이었다. 특히 김정희는 「실사구시론」이라는 논문까지 저술해, 형이상학에 반대하는 입장을 천명했다.

그런 점에서 윤휴는 대단한 선각자였다. 1617년생이었던 그는『중용』을 일상의 품으로 가져온 최초의 조선 선비였다. 그의 학문적 목표는 이기설의 규명이 아니었다. 그는 누구나 일상생활에서 도덕적 명제를 실천함으로써, 세상을 좀 더 살기 좋은 곳으로 만들 수 있다고 믿었다. 윤휴에게『중용』은 하늘의 명령을 다루는 신비한 책이 아니었다. 그것은 효제충신孝悌忠信의 도리를 기술한 한 권의 실용적인 책이었다.

예를 들어보자. 천명과 중용과 군자의 관계에 관해 윤휴는 다음과 같이 설명했다.

> 천명天命의 성을 논하면서 천天에 대해서 말하지 않고, 군자는 중용中庸이라고만 했다. 중용이 다름 아닌 천명이다. 군자란 하늘을 두려워하고 도리[道]를 좇아, 세상에 가르침을 실천하는 이다.
>
> (「중용장구보록」)

군자가 별거인가. 사람 사는 도리를 널리 알리고 실천하는 사람이다. 천명은 결코 신비한 개념이 아니다. 무극이니 태극이니 공연히 복잡하게 말할 것도 없다. 윤휴의 생각이 그러했다.

> 머릿장에서 성품[性]과 도리[道]를 분리해서 말한 것은 본질[體]과 작용[用]을 밝히기 위해서다. 덕행만 말하고 성정은 언급하지 않은 것은 왜일까. 천명의 은미함이 인간의 일상생활에서 벗어나지 않기 때문이다.

우리 현대인의 입장에서 보면 윤휴가 백 번 옳았다. 신비한 용어를 구사하여 형이상학적으로 설명하는 천명이란 공허하지 않은가. 그것은 일상생활의 도리일 따름이라니, 명쾌한 주장이었다.

진짜 '이단'은 형이상학적 담론에 빠진 성리학자들

윤휴는 주희가 편찬한 『중용장구집주』의 체제를 그대로 수용하지 않았다. 주희의 주석을 모두 받아들이지도 않았다. 그래서 성리학의 이단으로 몰렸다. 윤휴로서는 억울한 일이었다.

그럼 윤휴가 생각하는 이단은 누구일까. 윤휴는 도가(구담)와 양주楊朱, 묵적墨翟(묵자), 형명가刑名家와 법가法家를 이단으로 규정했다. 각각의 이유를 「중용장구보록」에서 간단히 설명했다. 하나씩 살펴보자.

구담瞿聃의 무리는 소리도 없고 냄새도 없는 미발의 상태에 관하여 제법 소견이 있는 듯했다. 그러나 명백하게 드러나 있는 경륜經綸에 대해 무지했다. 또 하학下學(일상의 공부)이 바로 상달上達(고상한 경지)에 이르는 길이라는 점도 알지 못했다. 때문에 언제나 하는 말이 허무적 멸虛無寂滅(공허함)하거나 응연인순應緣因循(인연을 들먹이는 고식적인 태도)뿐이었다.

고요함[靜]이 없는 것[無]이라면 움직임[動]은 존재함[有]이라고 하겠으나, 작아서 보이지 않음[微]과 드러남[顯]의 이치는 둘이 아니다. 본질[體]과 작용[用]은 서로 동떨어진 것이 아니다. 작용이 있어야 본질이 의미를 가진다. 드러남이 곧 작아서 보이지 않음의 숨은 이치다. 그들은 이 점을 모른다.

표면적으로 윤휴는 도교와 불교를 문제 삼았다. 그런데 17세기 조선에서 도교와 불교가 성리학을 위협하는 사상적 적수였던가. 그렇지 않았다. 윤휴는 겉으로 도교와 불교를 비판하는 척했지만, 실제로는 형이상학적 담론에 빠져 일상을 소홀히 여기는 그 시대의 무능한 성리학자들을 비판한 것이 아니었을까. 윤휴의 주장은 계속된다.

양주와 묵적은 뚜렷이 드러나 있는 본질을 모른다. 부모님을 가까이 모시는 것[親親]으로부터 시작하여, 세상에는 질서의 여러 단계가 존재하는데, 이를 어지럽히면 안 된다. 저들은 사랑[仁]과 정의[義]가 천하의 근본이라는 것을 모른다. 그래서 더러는 겸애兼愛를 주장하며 정의를 무시하기도 하고, 혹은 이기심 때문에 사랑을 잃는다. 인간관계에 존재하는 차이를 인정하지 않아서 보편적인 윤리까지 무너뜨리고 만다.

이런 비판 역시 마찬가지일 것이다. 양주와 묵적은 17세기 조선의 사상가들이 아니었다. 윤휴가 그들을 문제 삼은 속뜻은 따로 있었을 것이다. 나는 윤휴가 예송禮訟을 염두에 두었다고 생각한다. 송시열을 비롯한 그의 반대파는 왕실이나 선비나 같은 예법을 따라야 한다는 '동례同禮'를 주장했다. 혹자는 송시열 등의 견해에 감탄했을지 몰라도, 윤휴는 그런 주장이야말로 양주나 묵적과 다름없다고 비판하고 싶었던 것이 아닐까.

또한 형명가, 법술가들로 말하면, 그들은 성색聲色만 크게 과장하면 얼마든지 대중을 움직일 수 있다고 생각한다. 성색 이외에 소리도 냄새도 없는, 부월鈇鉞이나 작상爵賞을 필요로 하지 않는, 하늘이 정해 놓은 인간 윤리와 질서가 있다는 것도 모른다. 이는 술법[術] 중에서도 가장 하위다.

윤휴가 보기에 송시열 등의 주장은 항상 과격했다. 수백 명의 유생을 동원하여 극단적인 언사를 남발해 대중을 선동했다. 때문에 윤휴는 자신의 반대파야말로 유생의 탈을 쓴 형명가 또는 법가라고 보았던 것 같다.

윤휴는 상징적인 어법으로 세태를 날카롭게 비판했다. 그의 글을 읽을 때 나는 그런 생각을 했다. 그는 자신의 뜻을 아는 사람들에게는 긴 설명을 하지 않아도 의미가 절로 드러나리라 믿었을 것이다. 그래서 따로 친절한 주석을 붙일 필요도 없었다.

주희의 『중용』보다 세련되고 체계적

주희가 편찬한 『중용장구집주』의 장절章節은 과연 합리적인가. 『중용』에 관한 공부가 축적됨에 따라 조선의 선비들은 그 점을 집중적으로 따져보았다. 이미 앞 장에서 설명한 바와 같았다. 가령 장유는 『중용』에는 고작 한 구절짜리 장도 있다며 논쟁의 불씨를 키웠다. 주희의 입장에서는 얼마든지 변명의 여지가 있었을 것도 같다. 『예기』에 실려 있던 단편적인 문서를 가지고 한 권의 책으로 독립시키려 했으니, 남모를 애로가 있었을 것은 당연한 이치였다.

그런데 16세기 후반 조선 사회에 새로운 학풍이 일어났다는 사실이 중요하다. 선비들은 경전에 대해 자유롭게 해석하는 분위기였다. 그들은 원나라, 명나라의 서적을 두루 참고하여 식견이 깊고 넓어졌다. 그들은 학문적 성역을 전혀 인정하지 않았다. 누구의 업적이든지 학문적 토론과 비판의 대상이었다.

학문의 자유가 위축된 것은 17세기 후반이었다. 양란 이후 조선 사회는 혼란에 빠졌다. 기득권층은 국시國是, 곧 이념의 확립을 왕조 재건의 필수적인 과제로 인식했다. 그랬기에 사문난적의 시비가 일어났을 때도 사회적 저항은 별로 크지 않았다. 게다가 당시에는 학파와 당파가 긴밀하게 교직되어, 정권을 장악하려면 학문적으로도 주도권을 잡아야 유리했다. 이런 이유로 주희의 학설이 신성불가침의 특권을 누렸다.

하지만 윤휴는 침묵하지 않았다. 그는 자신의 학문적 소견을 그대로 드러냈다. 『중용장구집주』의 약점을 그는 묵과하지 않았다. 그가 편찬한 새로운 『중용』은 주희의 것보다 논리적으로 세련되었다. 그의 설명에는 군더더기가 없었고, 주장도 체계적이고 일관적이었다. 그가 편찬한 『중용』 제6장에 관한 설명을 일례로 들어보자.

6장에서는 자기완성[自成]을 논했다. 천지가 제자리를 찾고, 만물이 나서 자람을 논하였다. 자기완성이란 자신에게 진실하여 남을 완성하는 것이다. 자기의 길[自道]도 먼저 자기를 수양하여 남을 인도하는 것이다.

자기완성이 타인을 완성하는 출발점이요, 궁극적으로는 천지만물이 제자리를 되찾고 끝없이 나고 자라게 하는 열쇠라는 주장이다. 달리 말해 추기급인推己及人을 통해 하늘과 사람이 하나가 된다[天人合一]는 해석이었다.

정성[誠]이 하늘과 맞먹을 정도가 되면 쉼도 없고 끝도 없어 천지가 제자리를 잡게 된다. 도리[道]가 남에게 미칠 정도가 되면 성실하여 변화가 무궁하다. 때문에 만물이 낳고 자라는 것이다.

하늘과 사람이 하나가 될 수 있게 만드는 것은 무엇일까. 윤휴는 그것이 정성[誠]이라고 했다. 정성을 가득 담은 도덕적 실천이었다. 물론 일상생활에서의 실천을 말한 것이다. 가까운 곳에서 시작하여 아득히 먼 곳에 이르기까지 각종 인간관계에 충실한 생활을 하자고 주창한 셈이다. 윤휴의 설명은 계속된다.

천지의 도는 변하지도 않고 쉬지도 않는다[不貳不息]. 성인의 순수함에는 끝이 없다[純亦不已]. 사람은 언제나 남을 공경하고 조그만 기미가 보여도 삼가야 한다[敬時愼幾]. 그러므로 하늘의 명령을 받들어 언제나 조심하고 무슨 일이든지 조심해야 한다고 말한 것이다.

사람이 정성을 기울인다는 것은 무엇인가. 공경하고 삼가는 것이다. 윤휴의 『중용』에는 신비하거나 형이상학적인 요소가 거의 없었다.

하늘의 덕성과 왕의 도리[王道]에서 가장 중요한 것은, 홀로 있을 때를 삼감[謹獨]이다. 그래서 한 마디로 (모든 과제를) 끝낼 수 있다고 말한 것이다.

윤휴는 자기완성의 승부처를 거기서 찾았다. 홀로 있을 때를 삼가는 것 말이다. 이것이 삼가고 공경함의 원천이요, 정성의 본질이라 생각했다. 윤휴는 『중용』의 한 장 한 장을 이상에서 살핀 것처럼 체계적으로 구성했을 뿐만 아니라, 일상생활에서의 실천을 위주로 설명했다. 어찌 특별하다고 말하지 않겠는가.

새로운 구성과 독자적인 해설

18세기의 선비 홍대용은 주희의 『중용장구집주』가 지나치게 작위적이라고 보았다. 고대의 문헌이라고 간주하기에는 너무 조직적이고 체계적인 서술이라는 것이었다. 윤휴의 견해는 홍대용과 정반대였다. 윤휴는 『중용장구집주』가 번잡하고 엉성하다고 느꼈다. 주희는 『중용』을 33장으로 나누었다. 본문이 3,500자 정도밖에 안 되는 점을 감안할 때, 장이 지나치게 자주 나뉘었다.

윤휴는 본문을 10개의 장으로 재구성했다. 그에 따르면 각 장의 주제는 다음과 같았다. 1장 천명天命, 2장 중용中庸, 3장 비은費隱, 4장 행원行遠, 5장 문왕文王, 6장 박학博學, 7장 자성自成, 8장 성인聖人, 9장 중니仲尼, 10장 상경尙絅. 윤휴는 이를 세분해 28절로 나누고, 원문의 뜻을 보강하기 위해 각종 고전을 인용하고 성리학의 대가들이 남긴 문헌도 폭넓게 참조했다.

가령 '천명장天命章'을 예로 들어보자. 윤휴는 다음의 8단계로 내용을 해설하고 주석을 달았다. 한 단계씩 간단히 짚어보자.

1단계: 윤휴는 먼저 이 장의 취지를 다음과 같이 설명했다. "성인이 하늘을 섬기는 도리와 군자가 도를 행하는 일을 논의하였다." 이것은 총론이다. 이어서 천명장의 세부 내용을 다음과 같이 네 가지로 나누었다.

① 첫머리에서는 도道의 원천은 하늘에서 비롯되었으나, 도를 닦아야 하는 책임은 사람에게 있다고 말했다.

② 군자의 공부는 자신의 마음이 근본인데, 마음을 보존하는 것은 정성과 공경[誠敬]을 위주로 해야 한다고 설명했다.

③ 하늘이 준 속마음[衷]은 성정性情 두 글자로 설명할 수 있다. 가장 근본이 되는 것과 훌륭한 도[大本達道]가 여기에 들어 있다.

④ 군자가 도를 닦으면 공부가 세상에 드러난다. 그 공부를 시작하는 데에도 나름의 방법이 있다.

⑤ 끝으로 그는 다음과 같이 결론지었다. "따라서 천인天人의 이치, 학문의 길, 성정의 덕, 성신聖神이 할 수 있는 일들이 모두 (군자의 마음에) 갖추어져 있다."

2단계: 윤휴는 천명장의 취지를 설명하기 위해 고전을 두루 인용했다. 요순임금과 공자 및 맹자가 차례로 등장했다. 군자의 마음이 어떤 특징을 기지고 있는지를 구체적으로 보여주기 위해서였다

"요임금이 말한바 진실로 그 중간[中]을 잡아야 한다고 한 것, 순 임금이 하늘의 명을 받들어 어느 때나 조심하고 무슨 일이나 조심해야 한다고 주장한 것, 공자가 말한바 어진 사람[仁人]은 하늘 섬기기를 어버이 섬기듯이 한다고 한 구절, 그리고 맹자의 말 가운데 군자는 마음을 보존하고 천성을 배양하여 하늘을 섬긴다고 한 것은 모두 이러한 도리[道]다."

3단계: 그에 덧붙여 윤휴는 송나라의 대학자였던 정씨 형제를 인용했다. "정자가 말하였다. 중화에 도달한다[致中和]는 중용의 구절은 성인이 아니면 실천할 수 없다. 자사는 단지 그 말을 전하였을 뿐이다."

4단계: 윤휴는 『중용』의 천명장을 구조적으로 분석했다. 이 장의 내용을 다섯 구절로 나누어 읽어야 한다는 것이었다. '천명天命'부터 세 구절은 먼 곳에서 시작해 가까운 곳까지 설명했고, '희로喜怒' 이하는 두 구절인데 일상적인 일부터 크고도 깊은 속마음에 이르기까지 점차 확대했다.

5단계: 『중용』을 『대학』과 비교했다. 한 장의 내용을 위아래의 두 대목으로 나눈 점에서 『대학』의 경문經文이 전장前章과 후장後章으로 구별한 것과 같다는 식이었다.

6단계: 윤휴는 천명장에 대한 자신의 견해를 덧붙였다. 천명은 일상생활에서 실천된다. 외경畏敬이 위아래로 관통하여 앞뒤[首尾]도 맞고 크고 작음[巨細]이 서로 대응한다. 과거의 선유들이 말한바 군자의 덕행은 윤리에 부합되어, 하늘과 사람이 하나 되는 묘리가 있다. 외경을 일상생활에서 실천해야 중화가 이뤄진다. 그래야 천지만물이 제자리를 찾아 발육[中和位育]하는 효과가 나타날 것이다.

7단계: 윤휴는 이 장에 대한 다른 학자들의 의견도 실었다. 즉 유정부游定夫(유초游酢)가 장횡거의 비망록[訂頑]을 읽은 다음, 여기에 중용의 이치가 담겨 있다고 호평했다. 이런 방식으로 그는 선학의 연구 성과를 소개했다.

8단계: 윤휴는 천명장의 특별한 용어에 주석을 달아 자세히 풀이했다. 이 부분은 지면 관계상 생략한다.

윤휴는『중용』의 각 장을 방금 예로 든 「천명장」처럼 여러 단계로 나누어 해설하고 주석을 달았다. 탁월한 한 사람의 선비가 평생 동안 시간을 아껴 연구하지 않았더라면 완수하기 어려운 작업이었다.

윤휴의『중용』주석에는 독특한 점이 많았다. 나는 그것을 네 가지로 정리하고 싶다.

첫째, 그는 주희가 '중용'의 용庸을 '보통[平常]'이라고 해석한 것과 달리 '한결같음[有常]'으로 이해했다. 그의 설명을 직접 들어보자.

중中이란 치우치지 않음이다. 용庸이란 언제나 일정한 것이다. 치우치지 않음은 동정動靜을 겸한 것이요, 일정함은 처음부터 끝까지 일관한 것이다. 이 편篇(천명장)은 처음부터 끝까지 천명지성天命之性에 관해 설명한다. 이른바 중용이란 정밀하고 은미한 천명의 본체다. 이 때문에 책의 이름으로 삼았다.

(「중용장구보록」)

훗날 정약용도 중용의 '용'을 항상恒常이라 해석했다. 윤휴의 영향을 받은 것이다.

둘째, 윤휴는 주희가 미처 해결하지 못한 채 그대로 사용한 애매모호한 개념을 새로 정의했다. 예컨대 『중용』의 핵심 개념인 '비費'와 '은隱'이 바로 그러했다. 윤휴는 다음과 같이 명쾌하게 설명했다.

무슨 물건이든지 헤프게 쓰는 것을 '비費'라 한다. 나타나는 것을 '은隱'이라고 한다. 어떤 물건이 어디에나 필요할 경우, 자연히 이 물건을 사용하는 일이 잦을 것이다. 때문에 이를 '쓴다[費]'고 한다. 언제 어디서나 볼 수 있으면 그런 뜻으로 '나타났다[隱]'라고 한다. 이 두 가지는 모두 그 말의 본래 의미를 뒤집은 것이다.

그런 예는 또 있다. 가령 어지러운 사회를 잘 다스리는 것을 '다스린다[亂]'고 하고, 땀을 흘리는 것을 '땀 흘리다[汗]'라고 쓰는 것도 마찬가지다(본래의 뜻을 따른다면 '난'은 어지럽다는 것이요, '한'도 땀을 흘리지 않는 것이다).

외전外傳에서도, 황제黃帝가 평야를 구획하고 고을을 분할하자 신명神明의 책봉[封]이 나타났다[隱]고 기록했다. 또 노자의 『도덕경』에서도, 너무 사랑하면 반드시 아낌없이 많이 쓴다[費]고 했다.

(「중용장구보록」)

주희를 포함해 중국의 어느 학자도 이처럼 명확하고 다각적으로 '비'와 '은'의 개념을 설명하지 못했다. 윤휴는 실로 박학다식했다.

셋째, 그의 탁월한 문법 지식이 놀랍다. 같은 뜻을 가진 글자라도 어느 쪽에 강조점이 있는지를 헤아려 해석의 차이를 두었다. 그래서 그는 이런 설명을 붙이기도 했다. "불弗과 불不은 비록 글자가 다르지만 뜻은 같다. 그러나 '불弗'이 '불不'보다 더 강력한 부정의 뜻을 가지고 있다." (「중용장구보록」)

넷째, 윤휴 특유의 독자적인 해설도 간간이 등장한다. 예컨대 자로가 강함에 대해 물었을 때 공자가 누구의 강함을 묻는 거냐고 되물은 적이 있었다. 그 일에 대해 윤휴는 다음과 같이 설명했다.

중유仲由(자로)는 용맹[勇]을 좋아했다. 그래서 (자신의 용맹함을 과시하기 위해 감히) 강함[强]을 물었던 것이다. 공자가 (누구의 강함이냐고) 대꾸한 것은 왜일까. 자유가 본래의 편향된 기질과 습관에서 벗어나, 의리義理의 굳센[强] 경지로 새롭게 나아가기를 바라는 뜻이었다.

(「중용장구보록」)

이익과 정약용에게 미친 영향

윤휴의 『중용』 연구는 후세에 큰 영향을 주었다. 특히 서울과 경기

지방에 살던 남인 학자들이 그의 학풍을 계승했다. 성호 이익과 다산 정약용이 대표적이다. 그들은 윤휴가 세운 전통에 따라『중용』을 통해 일상생활에서 도덕을 실천하고자 노력했다. 윤휴의『중용』연구는 이익과 정약용을 비롯한 18~19세기 남인 학자들에게 삶의 나침반이었다.

그런 점에서 윤휴가 설명한『중용』의 개요를 알아두는 것이 좋겠다(「장구의 대지」참조). 나는 그의 설명을 다음과 같이 6개 문단으로 정리했다.

① 천명이니 솔성率性이니 수도修道니 말하지만, 가장 중요한 것은 성性(성품)이다. 이것은 하늘에서 받은 것으로 무엇과도 바꿀 수 없다. 도道(도리)란 사물과 일체여서 분리될 수 없으며, 교教(가르침)란 사람마다 필요한 것으로 중단할 수 없다.

② 경계하고 두려워한다[戒懼]든가 홀로 있을 때를 삼간다[愼獨]는 것은 무엇인가. 군자가 하늘을 두려워하여 도를 닦고, 공경에 힘쓰며 정성[誠]을 기울여, 본질[本原]에 힘쓰고 사소한 징조[幾微]까지 잘 살피는 것이다.

③ 대본大本이니 달도達道니 하는 말은 무엇인가. 하늘은 본래 사람과 멀리 떨어져 있지 않다. 모든 조화가 마음에서 나온다는 것을 알아야 한다.

④ 중화中和를 이루면 천지가 제자리를 잡고 만물이 태어나고 자란다는 것은 무엇인가. 군자가 도리를 실천해 꾸준히 확충하고, 하늘을 섬기며[事天] 나를 위하면[爲己] 그것은 자연히 이뤄

질 효과다.

⑤ 하늘이라 하고 도리라 일컫는 것에는 소리도 없고 냄새도 없는 묘리가 있다. 그러나 삼가고 두려워하며[戒懼] 홀로 있을 때를 삼가는 것[愼獨]은 일상의 마음가짐을 벗어난 것이 아니다. 대본이니 달도니 하는 것도 성품과 성정性情(감정)의 동정動靜일 뿐이다.

⑥ 자리한다[位], 기른다[育]고 말한 것은 무엇일까. 천지조화를 본받아 만물을 하나도 빠뜨리지 않고 두루 완성하는 경지다. 군자의 도리는 하늘과 인간을 하나로 만드는 것이며, 멀고 가까움도 없고, 본질[體]과 작용[用]을 완전히 갖추는 데 있다.

21세기의 현대인들이 윤휴의 설명에 과연 얼마나 공감할지 모르겠다. 17세기 후반, 그가 이 주장을 내놓았을 당시에는 어땠을까. 어떤 선비들에게는 구원의 복음과도 같았다. 그러나 또 다른 선비들에게는 이단의 요설처럼 들렸다. 한 마디의 말이 수용자의 처지에 따라 물도 되고 불도 된다.

이익의
비판적 접근

17세기 후반 사문난적의 시비가 크게 일어났다. 이런 식이라면 자유로운 경전 해석은 영영 불가능한 일이 되고 말 것이었다. 그러자 이익이 비판의 목소리를 높였다. 그는 『중용질서中庸疾書』를 지어, 자신의 견해가 주희를 비롯한 여러 선배 학자들과 다른 점이 있다고 고백했다. 또 쉽게 풀리지 않는 의문점이 많다며 상세한 기록을 남겼다. 그 책의 「서문」에서 이익은 이렇게 말했다.

정자는 초학자가 공부할 순서를 말했다. 『대학』부터 시작해, 『논어』와 『맹자』를 배우라고 했다. 그러나 『중용』에 대해서는 언급하지 않았다. 왜 그랬을까. 『중용』은 공부가 일정한 수준에 도달해야 읽을 수 있다.

쉽게 읽을 수 없는 책이다.

조선시대 선비들은 주희의 가르침대로 으레 사서의 하나로『중용』을 손꼽았다. 그들은 이 책을 누구나 당연히 배워야 하는 것으로 알았다. 그러나 정호와 정이 같은 선비들의 생각은 달랐다.『중용』은 결코 아무나 배울 책이 아니었다. 이익의 설명은 계속된다.

『중용장구집주』가 세상에 유행하게 되자 정현鄭玄의 주석이 폐기되었다. 그런데 옛날에는 장구章句라는 것이 없었다.『중용장구집주』는 송나라와 원나라의 여러 학자들을 통해서 세상에 널리 알려졌다. 그 뒤로는 이 책과 인기를 겨룰 만한 것이 아무것도 없었다. (…) 오늘날 세상 사람들이 이 책을 손으로 더듬어보지만 실제로는 내용을 이해하지 못한다.

주희의『중용장구집주』가 등장함으로써『중용』의 역사에 변곡점이 마련되었다고 했다.『중용장구집주』는『중용』을 주해한 최고의 책으로 손꼽혀, 어느 책도 대적하지 못할 만큼 높은 명성을 얻었다. 그러나 아이러니하게도 이 책을 제대로 이해하는 선비는 거의 없다고 했다. 그럼 이제 공부가 부족했다는 이유로 그 많은 선비들을 탓해야 할까. 아니면 혹시『중용장구집주』에도 적잖은 문제가 있었던 것일까.

이익의 생각이 궁금해진다. 내가 헤아리건대 그는 이렇게 말하고 싶었을 것이다. '이 책의 본뜻을 제대로 이해하지 못하면서 덮어놓고 매달리지 마라. 그것은 결코 문제의 해결책이 될 수 없다. 『중용』
을 제대로 연구하려면 학문적 자유가 필요하다.' 과연 내 짐작이 맞
을까. 아래에서 확인해볼 것이다.

학문의 자유를 위한 치열한 싸움

17~18세기 조선의 문화권력은 자유로운 경전 해석을 탄압했다. 이
익은 그러한 억압이 중단되기를 소망했다. 그는 학문적 자유를 얻
기 위해 조용하지만 치열한 싸움을 시작했다. 『중용질서』의 「후설」
에서 그는 다음과 같이 말했다(이익, 『성호전집』 제54권, 「중용질서후
설中庸疾書後說」 참조).

> 『중용장구집주』가 세상에 퍼지자 사람들은 이 책을 해와 달처럼 떠받
> 들었다. 마치 자연 질서[四時]처럼 믿고 가족처럼 아끼면서도 형벌처
> 럼 두려워하였다. 그리하여 연구하여 터득하고 실천하기를, 날마다
> 밥 먹고 물 마시는 것처럼 (자유롭게) 하지 못하였다.

『중용장구집주』에 대한 후세의 존경과 미화가 지나쳤던 것이다.
형벌이라도 받을까 봐 두려워했고, 일상생활에서 편히 실천하지도
못했다. 이것은 세태에 대한 이익의 날카로운 비판이었다. 이런 답
답한 상황을 돌파하려면 무엇을 어떻게 해야 할까.

> 학문을 할 때는 반드시 의심을 품어야 한다. 의심이 없으면 배워도 굳

이익과 『성호사설』.
이익은 형이상학적인
경전 해석에서 벗어나
철저한 문헌 고증을 통해
『중용』의 역사를
새로 썼다.

중용, 조선을 바꾼
한 권의 책

건하지 못하다. 내가 말하는 의심이란 쓸데없이 믿지 않거나 우물쭈물하면서 우유부단하게 구는 것을 뜻하는 것이 아니다. 만일 이러저러해서 옳은 줄을 알면, 반대로 이러저러해서 잘못된 점이 있는 것도 함께 살펴야 한다. 이것이 보고 아는 것[見得]이다. 만일 그런 방법으로 공부하지 않으면, 다른 사람들이 틀린 것을 옳다고 주장해도 나는 대응할 길이 없다.

이익의 주장이 옳았다. 그때만 옳고 지금은 그른 것이 아니라, 시간과 장소의 제약을 벗어나 틀림없는 생각이다. 문화권력의 감시와 통제는 조선 사회만의 악습이 아니었다. 이익은 그 문제를 깊이 연구했다. 그리고 다음과 같이 결론지었다.

송나라 이후 학자들의 폐단이 대체로 이와 같았다. 우리나라는 더욱 심하였다. 처음에는 『중용장구집주』를 믿고 의심치 않았고, 중간에는 떠받들기만 하고 철저히 공부하지 않았다. 그리고 이제는 책을 방치한 채 아무 생각도 안 한다.

세상에 진정한 학자가 없어서 배우는 자세가 그렇게 타락하고 말았다는 한탄이다.

그래서 이익은 결심했다. '『중용장구집주』에서 미처 설명하지 못한 점에 관해, 내 생각을 거리낌 없이 말하겠다.' 그는 자신이 그동안 『중용』을 연구해서 얻은 독창적인 견해를 밝히고자 했다. 물론 이익의 이러한 학문적 용기를 도리어 나무라는 이들이 있었을 것이다. 그러나 이익의 결심은 확고했다. 그는 이렇게 쐐기를 박았다.

『중용장구집주』 말고 거기에 한 글자라도 더 보태면 외람된 짓이라고 할지도 모른다. 그러나 이런 비방은 내 마음을 이해하지 못한 것이고, 주자의 뜻을 제대로 헤아린 것도 아니다.

이익은 자신의 연구를 통해 한 가지 사실을 명확히 인지했다. 16세기 조선 사회에서는 학문적 금기 같은 것이 존재하지 않았다. 그때는 누구나 자신의 주장을 마음껏 펼 수 있었다. 사상검열이 심해진 것은 17세기의 일이었다. 『성호사설』(제21권)에 실린 「유문금망儒門禁網」이란 글에서, 이익은 자신의 연구 결과를 다음과 같이 요약했다.

우리나라 사람들은 공부를 해도 아둔하고 거친 풍습을 벗어나지 못하고 있다. 불과 얼마 전만 해도 달랐다. 이회재(이언적)가 『대학장구』를 자신의 견해대로 고치고 바꾼 「보유서補遺書」를 저술했다. 이율곡은 『중용장구집주』의 일절('기이성형이역부氣已成形理亦賦')이 이치에 맞지 않다고 생각하여 『성학집요聖學輯要』란 책에서 자신의 주장을 폈다. 이런 책들은 모두 간행되었고, 임금님의 경연에도 올린 것이다. 이런 사실로 미루어 본다면 유학자들이 법으로 저술의 자유를 억압한 것은 최근에 와서 심해진 것이라 하겠다.

『중용』의 역사를 다시 쓰다

이익은 훌륭한 역사가였다. 나는 그렇게 생각한다. 그는 항상 과거의 문헌을 철저히 검토하여 의심을 해결했다. 『중용』에 대해서도 마찬가지였다. 역사적 실증이라는 방법을 통해 이익은 새로운 답을 발견했다. 당시로서는 그가 개발한 연구 방법이 대단히 새로웠다.

『성호사설』(제26권)에서, 그는 『중용』의 기원 역시 실증적으로 밝혀놓았다. 조선의 선비들은 『중용』과 『대학』을 송나라의 정씨 형제(정자)가 처음 주목했다고 생각했다. 그러나 역사에 밝은 이익은 여러 가지 기록을 검토해 『중용』의 역사를 다시 썼다.

먼저 이익은 송나라 선비들의 행적을 정밀하게 검토했다. 그 결과 중요한 사실이 드러났다. 장재는 18세 때 범중엄에게 한 장의 편지를 보낸 적이 있었다. 범중엄이 보낸 답장을 보면, 그는 장재에게 『중용』을 읽으라고 권했다. 훗날 장재는 정호에게 『중용』의 학문적 중요성을 일깨웠다.

이익은 『중용』이 송나라 이전에 이미 존재했을 가능성에 무게를 두고 당나라의 문헌도 샅샅이 뒤적였다. 그의 시선이 이고李翱의 『복성서復性書』에 머물렀다. 거기에도 『중용』을 찬양하는 기록이 있었다.

이익의 시선은 다시 역사를 거슬러 양梁나라로 향했다. 마침내 그는 4세기의 인물인 간문제의 「사칙뢰중용강소계謝勅賚中庸講疏啓」를 발견했다. 거기에는 다음과 같은 언급이 있었다.

(중용은) 천경天經·지의地義의 가장 높은 곳[宗]이다. 나면 충성하고 들면 효도하는 도리로서, 실로 가르침을 세우는 관건이요 덕행의 지향점이다.

이익은 송나라에서 시작해 고대로 거슬러 올라가면서 『중용』이란 책의 역사적 존재를 확인한 셈이다. 그는 『중용』의 기원에 관한 탐구를 마치며 이렇게 썼다.

지금 내가 「십삼경」을 살펴보았다. 『대학』과 『중용』에 관하여 정현은 주에서 공영달孔穎達의 주석을 인용했다. 공영달은 당나라 사람이다. 그런데 그보다도 앞서 이미 해설과 주석[講疏]을 단 학자들이 존재했다.

이익은 『중용』의 편자에 대해서도 깊이 연구했다. 그는 과거의 문헌들을 비교 검토해 여러 가지 새로운 사실을 찾아냈다. 확인된 바로는, 자사는 여러 편의 저작을 펴냈다. 적어도 7권의 저술이 있었다고 이익은 추정했다. 『성호사설』(제18권)에 「자사칠권子思七卷」이란 글을 쓴 것은 우연이 아니었다.

이익은 우선 『공총자孔叢子』라는 책에 주목했다. 공자 및 그 일족에 관한 기록을 엮은 책이다. 한나라 때 공부孔鮒가 저술했다고 하는데 확실하지는 않다. 그 책에 따르면, "『중용』은 본래 47편이었다. 진시황 때 불타버리고 지금은 한 편만 남았다"라고 했다.

이익은 그 밖에도 다양한 문헌을 조사했다. 거기에는 반고班固가 편찬한 『예문지藝文志』도 포함되었다. 그에 따르면, 『자사子思』라는

212

책이 있었고, 모두 23편으로 구성되었다고 했다. 『문헌통고文獻通考』에도 『자사』 7권이 언급되었다. 이익의 결론은 이러했다. "『중용』 말고도 많은 저술을 남긴 것 같다."

이익은 자사의 제자에 대해서도 깊이 연구했다. 그는 자신의 연구 결과를 「맹자수업孟子受業」이란 글로 정리했다(『성호사설』 제18권 참조). 중국 고대의 역사책에는 자사와 맹자가 문답한 내용이 실려 있다. 하지만 다른 책을 살펴보면, 맹자는 자사의 제자가 아니라 그 문인에게서 배웠다고 했다. 그리하여 이익은 자사와 맹자의 관계를 정확히 알고 싶었다.

그는 공자와 맹자의 삶을 연대기적으로 재구성했다. 뜻밖에도 새로운 사실이 드러났다. 맹자가 유명한 양혜왕을 만났을 때 그의 나이는 20대에 불과했다. 『맹자』에서는 양혜왕이 맹자를 '어르신[叟]'이라 불렀다고 했으나, 그게 사실인지 의심된다고 했다. 이익의 날카로운 통찰력이 빛난다.

이익의 역사적 추적은 집요하기까지 했다. 철저한 사료 분석을 통해 이익은 맹자와 자사의 나이 차이가 100살도 넘는다는 사실을 확인했다. 맹자는 결코 자사의 제자가 될 수 없는 나이였다.

이른바 성리학의 대가인 송나라의 정씨 형제와 주희는 무어라고 했던가. "정자는 자사가 『중용』을 저술해서 맹자에게 주었다고 말했다. 또 주희는 말하기를, 맹자가 자사에게 수업하였다고 했다. 이런 주장은 고증이 부족한 것이라고 생각한다." 한 마디로 주희를 비롯한 대가의 주장에도 잘못된 점이 얼마든지 있다는 것이다. 이익은 결코 그들의 명성에 기대어 학문을 종교적 신앙과 혼동할 선비가 아니었다.

4대를 제사 지내는 풍습은 타당한가

형이상학적인 경전 해석은 이익을 만족시키지 못했다. 이기설처럼 추상적이고 고원한 학문은 실생활과 거리가 멀어도 너무 멀다고 생각했다. 그로서는 문헌을 통한 철저한 검증만이 학문 연구의 참된 길이었다. 또는 자연현상을 직접 관찰함으로써 실생활에 도움이 되는 지식을 얻을 수도 있다고 생각했다. 그는 주류학자들이 철옹성처럼 쌓아올린 형이상학의 성채를 허물고 일상과 학문을 일치시키는 새로운 학문운동을 전개했다.

이익이 『중용』 연구를 통해 얻은 지식은 한둘이 아니었다. 그중 두어 가지 예만 소개하겠다.

우선 '민수敏樹'라는 개념에 관한 새로운 설명이다. 『중용』 제20 장에 "땅의 도는 나무에게서 효과가 빨리 나타난다[地道敏樹]"라는 구절이 있다. 이익은 거기에 보이는 '민수'의 개념을 천착했다(이익, 『성호사설』 제6권, 「민수敏樹」 참조).

대수롭게 넘길 수도 있는 표현이다. 그러나 이익은 이 표현을 중요하게 생각했다. 정치의 효과에 관한 것이라서 그랬다. 그는 자신이 자연현상을 관찰한 결과를 토대로 이 구절을 심층적으로 분석했다. 그의 설명은 이런 식이었다.

봄비가 내리면 나무는 싹이 움터 날마다 조금씩 자란다. 만약 날이 가물면 어떨까. 말라 죽을 것이다. 잎과 가지는 왜 마르는 것일

214

까. 뿌리에 병이 생겨서 그렇다. 가지와 잎이 마르기 전에 뿌리에 물을 충분히 주어야 한다. 만약 나무가 이미 말라버린 뒤에 돌보려면, 서강西江의 물을 다 부어도 효과가 없다. 이제 이익의 시선은 백성을 향한다.

백성이 나라를 원망하는 것도 나뭇잎이 병드는 것과 같은 이치라 하겠다. 임금이 일신의 안일만 생각하고 백성을 돌보지 않으면 어떻게 될까. 반란이 일어날 수도 있다. 그때 가서 임금이 온갖 혜택을 백성에게 준다 해도 무슨 소용이 있겠는가.

제아무리 가지와 넝쿨이 무성한 식물도 뿌리가 병들면 얼마 안 가서 죽고 만다. '땅은 나무를 잘 자라게 한다.' 민수敏樹의 증거를 일상에서 찾아볼 수 있다. 이처럼 이익은 『중용』에서 마주친 평범한 표현에서 정치적 교훈 또는 일상생활의 심오한 교훈을 발견하고자 노력했다.

또 하나, 이익은 『중용』을 통해 당시의 사회적 통념에서 잘못된 부분을 발견했다. 가령 3대를 제사 지낸다는 한 구절에 이익이 쏟아부은 시간과 정열이 비상했다(이익, 『성호사설』 제10권, 「제삼세祭三世」). 알다시피 조선 후기에는 4대 봉사(부모, 조부모, 증조부모, 고조부모의 제사)가 일반적이었다. 이익은 고전 문헌을 토대로 이런 풍습이 과연 타당한 것인지를 살펴보았다. 결과는 충격적이었다.

이익의 출발점은 『중용』 제12장이었다. "아비는 대부이고 아들이 사士이면 장사는 대부의 예로 지내고 제사는 사의 예로 지내며, 아들은 대부이고 아비가 사이면 장사는 사의 예로 지내고 제사는 대부의 예로 지낸다."

이에 관한 문헌을 이익은 철저히 분석했다. 그 결과 몇 가지 사실을 알아냈다. 첫째, 중국 고대의 대부에게는 제전祭田이 지급되었다. 자손의 지위가 추락해도 도로 빼앗지 않았다. 제전이 남아 있었기에 후세는 대부의 제사를 지낼 수 있었다. 나중에 자손이 높은 벼슬을 얻으면 위로 대부의 부와 조부까지 제사를 드리게 되었다. 나라에서 반드시 여유 있게 땅을 추가로 지급했기 때문이다. 옛날에는 녹봉 외에 별도의 땅을 주어 그 수확으로 제사를 지내게 했다.

둘째, 대부가 잘못을 저질러 자기 나라를 떠나더라도 3년 동안은 그의 토지와 봉록을 회수하지 않았다. 벼슬을 잃고 떠나는데 제전을 빼앗을 리가 있었겠는가.

셋째, 대부 이하의 경우는 어떠했을까. 사당은 있었으나 그들에게는 신주神主가 없었다. 띠를 묶어세우고 신이 의지하게 하여 제사한 것에 지나지 않았다. 다만 관직에서 물러나도 3년간은 제전을 보유했으므로 사당을 바로 없애지 않았다. 만약 3년 후에 사당을 허물게 되면 다시는 제사 지내지 않았다. 제사 지낼 밭이 없으면 철철이 나오는 생산물만 올리고 제사는 지내지 않았다. 가령 봄에는 부추를 천신薦新했다.

넷째, 농사를 짓지 않는 선비라면 제사 때 곡식을 제단에 올리지 않았다. 가축을 기르지 않으면 희생도 바치지 않았다. 분수에 맞지 않기 때문이었다.

다섯째, 후세에는 관직이 없는 선비들까지도 4대까지 제사를 모시고 나무를 다듬어 조상의 위패를 세웠다. 4대 봉사는 한 나라의 임금과 마찬가지인 셈이다. 어찌 이것을 옳다고 하겠는가?

이것은 충격적인 발견이요, 충격적인 발언이었다. 이익은 고전 문헌의 연구를 통해서, 4대를 제사 지내는 조선의 풍습이 잘못된 것임을 입증했다. 조선 사회의 기득권층은 결코 받아들이지 못할 일이었다. 세상의 비난이 예상되었으나, 이익은 실증을 토대로 한 자신의 연구 결과를 서슴없이 세상에 내놓았다. 이익의 용기에 박수갈채를 보내고 싶다.

실증적 연구방법으로 얻은 결실

문헌을 비판적으로 연구하면 뜻밖의 결과를 얻는 경우가 적지 않다. 이익에게는 그런 경험이 많았다. 우리는 공자와 맹자가 어려서 아버지를 잃었다고 알고 있다. 맹자의 어머니는 '삼천지교三遷之敎'의 전설을 남겼다. 공부하기 좋은 환경을 고르느라 세 번 이사했다는 것이다.

공자는 어머니가 돌아가셨을 때 아버지의 묘소가 어딘지를 몰라 어려움을 겪었다고 한다. 그러나 이것은 한낱 전설일 뿐이다. 『예기』를 보면 공자는 오보五父라는 마을에 아버지의 빈소를 지었다고 했다. 때문에 후대의 학자들 중에는 공자가 아버지의 묘소조차 몰랐다는 전설의 타당성을 의심하는 사람들이 있었다.

옛 문헌을 깊이 연구한 끝에, 이익은 공자가 상당 기간 아버지를 모시고 함께 살았다고 확신했다. 그의 글 「공맹비유고孔孟非幼孤」에 자세히 나와 있다(이익, 『성호사설』 제21권 참조). 중요한 단서는 『중용』 제13장에 있었다.

공자는 "군자의 도가 네 가지인데, 구丘(공자의 이름)는 한 가지도 능히 하지 못했다"라고 말했다. 그러면서 덧붙이기를, "자식에게 바라는 바로써 아버지 섬기기를 능히 하지 못했었다"라고 했다. 제대로 섬기지 못했다는 표현은 아마도 공자의 겸손한 성품에서 나온 말일 것이다. 어쨌거나 위 문장을 사실로 인정한다면, 공자는 아버지를 부양했다고 보아야 한다. 부친 숙량흘叔梁紇이 세상을 뜰 당시 그는 어린아이가 아니었다. 그래서 빈소도 만들고 초상도 지냈다. 이것이 이익의 주장이다.

『맹자』에도 맹자가 부모의 상을 너무 차이 나게 치렀다는 구절이 나온다. 「양혜왕편」에서, 맹자는 그 이유를, "전일에는 사士였고 나중에는 대부大夫였다"라고 했다. 또 "과거에는 삼정三鼎, 나중에는 오정五鼎이었다"라고 했다.

이익은 바로 이 구절에 주목했다. 맹자는 아버지 격공의激公宜가 사망했을 때 이미 벼슬길에 올랐던 것이다. 아버지의 제사에 삼정三鼎을 썼다고 말했으니, 맹자는 그 무렵 상사上士의 지위에 있었다고 봐야 한다.

요컨대 공자도 맹자도 어려서 아버지를 잃지 않았다. 누구도 확정적으로 말하지 못한 이런 사실을 이익이 자기 손으로 찾아냈다. 비판적이고 실증적인 그의 연구방법이 가져다준 귀한 결실이었다.

도를 닦는다고 말하면서 도에서 멀어지는 이유

이익의 시대는 다시 이단의 위협에 노출되었다. 중국을 통해 서학

218

에 관한 서적이 다수 유입되었다. 이익은 서양의 실체를 탐구하기 위해 관련 서적을 구해 탐독했다. 그 영향으로 문하에서 서학을 신봉하는 선비가 여럿 나올 정도였다. 이른바 성호 좌파로, 권일신權日身이 대표적인 인물이었다. 물론 제자들의 대다수는 그에 반대하는, 이른바 성호 우파였다. 그 중심에 안정복安鼎福이 있었다.

후일을 예감했던지 이익은 이단 문제에 민감하게 반응했다. 그는 『중용』에 나오는 미발설未發說을 이단과 관련지었다. 이익이 쓴 「자유부회중용子由傅會中庸」이란 글이 주목된다(이익, 『성호사설』 제26권 참조). 그 취지는 다음과 같았다.

선가禪家의 육조선사 혜능慧能이 이런 말을 했다고 한다. "선도 생각하지 아니하고, 악도 생각하지 아니하면 희로애락이 시작되지 않는다[未發]." 송나라의 학자 소철蘇轍(유명한 문인 소식의 아우)은 그 말을 빌려 『중용』의 한 대목을 설명했다.

이익은 소씨를 비판했다. "중中이란 진실로 생각[思]에 이르지 못한 것이다. 이제 경계하고 삼가며[戒愼] 더욱더 두려워함[恐懼]에 대해서 소철은 장차 무어라 말할 것인가. 석가에게도 이런 표현이 있었던가?"

유교의 실천적 도덕인 오륜五倫이 바로 도리[道]다. 이렇게 단도직입적으로 말해야만 불교와 도교의 이단이 발붙일 곳을 잃는다. 삼강오륜에서 시작해 『중용』에서 말하는 구경九經으로 차츰 확대해야 한다. 그때 비로소 『중용』의 정신이 이단을 누를 수 있다. 이익은 그렇게 주장했다.

이익은 또 이런 분석도 했다. 선비들이 입으로는 도를 닦는다고 하면서 끝내 도에서 멀어지는 까닭이 무엇인가. 남의 시선을 의식해 겉으로만 공부하는 척하기 때문이다. 남이 보지 않고 듣지 않는 곳에서도 천명을 따라야 한다. 경계하고 삼가며(계신) 더더욱 두려워하는(공구) 공부에 힘쓰는 것이 옳다. 홀로 있을 때를 삼가라. 소리도 없고 냄새도 없는 가운데서도 천명이 존재한다. 인간의 본성과 감정은 그 거리가 멀어서는 안 된다.

그 자신은 물론 제자들도 유교적 덕목을 실천하는 데 더욱 노력하기를 이익은 바랐다. 그가 생각하는 공부의 중심은 실천이었다. 막연한 추상과 애매한 형이상학에 매달리면 쉬 이단에 떨어지고 만다고 판단했다. 그가 보기에 상제上帝를 말하는 가톨릭은 세상을 어지럽히는 이단이었다.

한편으로 이익은 실용적인 서양의 과학기술에 대해서는 적극적으로 수용하자는 입장이었다. 서구 사회의 윤리에 대해서도 긍정적으로 이해했다. 그러나 다른 한편으로 그는 가톨릭 신앙을 단호히 비판했다. 이익은 천주교를 또 하나의 불교라고 보았다. 그의 판단에 따르면, 유교는 실질적인 것을 추구한다. 그러나 천주교는 불교나 도교처럼 종교적 환상에 빠져 있었다. 그는 다음과 같이 투박한 어투로 천주교를 비판했다.

"천주란 유교의 상제다. 그러나 저들이 천주를 공경하여 섬기고 두려워하며 신앙하는 태도는 불교에서 석가를 받드는 것과 같다." 이익은 종교적 신비를 믿으며 기도하고 소망하는 신앙 자체를 거부했다. 그는 이치를 터득하여 실천하는 도덕이라야 세상을 바꾸는 학문으로서 가치가 있다고 확신했다.

정약용의
친시親試 답안지

18세기 후반 정조는 당대의 재사들이 성리학에 정통하기를 바랐다. 왕은 1781년(정조 5)부터 열 차례에 걸쳐 138인의 초계문신抄啓文臣을 뽑았다. 그 명칭을 '초계'라 한 것은 의정부의 추천을 거쳐 선발했기 때문이다. 왕은 37세 이하의 젊고 유능한 신하들을 선발하여, 성리학의 주요 경전인 사서삼경을 깊이 연구하게 했다.

과강課講이라 하여 한 달에 두 차례씩 경전을 외우고 풀이하게 했다. 또 과제課製라는 명목으로 매달 초하루에 친시親試를 보았다. 임금이 창덕궁 희정당에 나와서 초계문신들이 논술을 작성하는 광경을 지켜보았다. 정조는 장차 국가의 동량棟樑, 곧 정승판서로 성장할 신하들이 성리학적 이념으로 철저히 무장하기를 촉구한 것이다.

초계문신 제도를 통해 정조는 조정에 막강한 친위세력을 형성했다. 아무나 뽑히는 것이 아니었기 때문에, 많은 신하들이 초계문신을 부러워했다. 그러나 이 제도를 비판하는 신하들도 있었다. 그때 정조는 자신의 세력기반을 넓히기 위해 당파를 막론하고 초계문신을 선발했다. 그래서였을 테지만 노론의 영수 김종수 같은 이는 초계문신 제도를 못마땅하게 여겼다. 그는 정조가 거만하여 스스로 성인처럼 행세하며 신하들을 가르치려 든다고 비판했다.

초계문신으로서 정조와 친밀했던 정약용조차 불만이 적지 않았다. 정조는 이미 과거시험에 급제한 신하들을 마치 유생처럼 취급했기 때문이다. '이 책을 외워라', '저 구절의 뜻을 말해보라' 하는 요구가 끊임없었다. 게다가 작은 실수라도 하는 날이면 노골적인 질책이 뒤따랐다. 앞날의 출세는 보장된 셈이었으나 초계문신 노릇이 매우 고달팠다.

여러 기록을 조사하다가 나는 한 가지 흥미로운 글을 발견했다. 1790년(정조 14) 정약용이 초계문신으로서 작성한 친시 시권試卷(시험 답안지)이었다. 정약용의 『다산시문집』(제8권)에 「중용-책中庸策」이라는 제목으로 실려 있다. 그 당시로서는 최고 수준의 시험 문제요, 당대 최고의 수재가 작성한 답안지였다. 당시 정약용의 나이는 스물아홉 살이었다.

그는 한 해 전인 1789년, 식년시式年試(정규시험)에서 갑과甲科 아원亞元을 차지했다. 60명을 뽑은 시험에서 당당하게 2등으로 합격해, 바로 초계문신으로 선발되었다. 물론 과거시험 성적만으로 초계문신을 뽑았던 것은 아니다. 인품, 덕망, 가문, 소속 당파까지 종

다산 정약용.
당대 최고 수재가 작성한 답안지인 「중용책」을 통해
『중용』에 대한 정약용의 학문적 경향을 알 수 있다.

합적으로 고려했다.

안타깝게도 정약용의 「중용책」은 원래 모습을 약간 잃었다. '과제'에 관한 『일성록』의 기록도 완전하지 않았다. 그해에 치른 친시에 관해 자세히 조사해보았으나, 언제 「중용책」을 작성하도록 명했는지는 알 수 없었다.

그럼에도 우리로서는 정말 행운이다. 조정 대신들이 심혈을 기울여 출제했을 『중용』에 관한 시험 문제도 알게 되었고, 그에 대해 정약용이 쓴 답안지를 손에 쥐었으니 말이다. 문제지와 답안지를 정밀하게 분석해보면 『중용』에 관한 당시 조정의 태도와 인식이 어떠했는지를 가늠할 수 있겠다. 또 당대 최고 학자 정약용의 학문적 경향도 어느 정도 드러날 것이다.

『중용』에 관한 논술 시험

친시라고 했다. 임금이 지켜보는 가운데 치른 시험이란 뜻이다. 정조는 학식이 출중할 뿐만 아니라 성품이 매우 꼼꼼했다. 왕은 시험 문제도 당연히 직접 검토했을 것이다. 그런 점에서 이 시험지의 출제 경향을 분석해보면, 초계문신에 대한 당시 조정의 기대가 무엇이었는지를 구체적으로 알 수 있다.

정약용은 답안을 작성할 때 시험 문제를 크게 6개 부분으로 나누었다. 중용의 특징을 묻는 1번 문제는 세부 질문이 따로 없으나, 나머지 5개 문제는 여러 개의 세부 질문으로 나뉘었다. 2번 문제는 '천명天命'을 다룬 것인데 5개의 작은 질문으로 구체화되었다. '천인합일'과 '중용'을 묻는 3번 문제는 6개의 작은 질문으로 구획되었다. 4번 문제는 『중용』 전편에 등장하는 여러 가지 개념의 정의를 물었는데 작은 질문이 10개나 되었다. 5번 문제는 주요 개념을 서로 비교하라는 주문을 했고, 같은 점과 차이점을 설명하라는 까다로운 문제였다. 자그마치 세부 질문이 17개나 되었다. 마지막 문제는 당대의 현실을 진단하고, 『중용』을 참고하여 대안을 제시하라는 문제로, 세부 질문이 6개였다. 「중용책」은 총 45개의 질문을 담고 있었다. 논술식 시험이라고는 해도 『중용』에 관한 구체적이고 세부적인 질문이 대부분이었다.

45개 질문 가운데 하나는 유실되어 현재 44개가 전한다. 현존하는 정약용의 답안지는 30개 질문에 관한 답변이다. 5번 문항에 속하는 14개의 작은 질문에 대해서는 그가 어떤 답을 썼는지 알 수 없다. 그러나 5번을 제외한 나머지 문항에 관해서는 답안지가 그대로 남아 있어 참 다행이다.

출제자 정조의 출제 의도

「중용책」을 누가 출제했을까. 여러 문헌을 조사했으나 시관의 명단을 구체적으로 알 수 없었다. 당대 최고의 석학들이 시관이었을 가능성이 높다. 상대가 초계문신들이었기 때문이다. 『일성록』을 조사해본 결과, 그해에 친시 문제를 출제한 시관으로는 채제공, 정민시, 이만수, 윤행임 등이 있었다(1790년 9월 8일의 예). 당시 그들은 명망이 높고 노성老成한 학자들이었다. 「중용책」 역시 그들이 출제했을 가능성이 있다.

시험 문제를 곰곰 분석해본 결과, 세 가지 특징이 주목되었다. 첫째, 『중용장구집주』에 대한 정확한 이해를 요구하는 문제들이 대부분이었다. 출제자는 주희의 해설 및 주석을 정확히 이해했는지를 주로 캐물었다. 한 마디로 보수적 성리학을 강조한 셈이었다.

그 출제 의도는 두 가지로 요약할 수 있다. 우선 『중용』의 주요 개념을 설명하라는 문제가 많았다. 혼동하기 쉬운 다른 개념과 비교하라는 문항도 적지 않았다. 요컨대 주희의 『중용장구집주』를 한 마디도 놓치지 말고 정확히 학습하라는 요구였다.

둘째, 선비들의 관심사를 반영하는 문제도 다소 포함되었다. 그러나 최신 경향을 반영하는 것은 아니었다. 해묵은 논쟁거리를 각자의 관점에서 정리하라는 주문이었다. 가령 인성과 물성이 같은지 또는 다른지를 검토하라는 것이었다. 은연중 다르다는 답을 요구한 것으로 추측된다. 남당南塘 한원진韓元震의 이른바 호론湖論(한원진은 충청도에 살았다)을 정통으로 보았던 것 같다. 또한 이기설에 관한 논의도 출제되었다. 이 밖에도 「중용책」에는 형이상학적인 해석을 요구하는 문항이 여럿이었다.

셋째, 당대의 현실 문제를 분석하고 어떻게 대응하는 것이 좋을지를 논의하라는 문제였다. 이것은 책문策問의 기본 형식에 따른 것이었다. 출제자는 현실을 비판하면서 대안을 요구했으나, 그 답은 이미 『중용』 안에 있다는 것을 암시했다. 따라서 독창적인 답안을 기대한다고 보기는 어려웠다.

정약용이 치른 친시 시험 문제를 검토함으로써, 나는 18세기 후반 조정의 사상적 경향을 비교적 뚜렷이 파악할 수 있었다. 정조의 조정은 다분히 보수적이었다. 초계문신조차도 창의적인 대안을 내놓기보다는 주희의 학설을 더 철저히 익히라고 주문할 정도였으니 말이다.

「중용책」의 출제자는 과연 누구였을까. 이 문제를 못내 궁금하게 여기던 나는 마침내 속 시원한 답을 찾았다. 출제자는 다름 아닌 정조였다. 왕의 문집 『홍재전서』(제50권)에 「중용책」과 동일한 문제지가 실려 있다! 그리고 그것이 초계문신을 대상으로 치른 과시課試 문제라는 설명도 보인다. 그 설명을 더 자세히 읽어보니, 초계문신을 대상으로 한 재시험 문제였다. 이 말대로라면 1차로 치른 「중용책」의 시험 성적이 왕의 기대에 크게 미치지 못했다는 뜻이다. 상재생上齋生, 즉 성균관에서 공부하던 생원과 진사들도 이 시험을 함께 보았다고 했다.

정약용의 혼란과 갈등

과연 정약용은 어떤 답안을 제출했을까. 그의 답안지를 꼼꼼히 살핀 결과, 그가 깊이 갈등하고 있었다는 사실을 알게 되었다. 그의 답안지에서 나는 세 가지 특징을 발견했다.

첫째, 사상적 보수성이 정약용의 답안지를 지배했다. 그는 모든 질문에 대해 주희의 견해를 충실히 따랐다. 시험관이 요구하는 모범답안을 제출한 셈이다. 그 답안이 그의 신념이나 확신과 어긋난 것이었는지도 모르겠다. 그러나 큰 틀에서 보면, 평소 생각과 전혀 다른 답안을 작성할 수는 없다. 그런 점에서 답안지에 드러난 정약용의 사상적 보수성은 상당 부분 사실과 일치한다고 생각한다.

둘째, 그의 답안지를 면밀히 검토해보면 개성적인 면도 없지 않았다. 성호 이익의 학문적 전통을 계승한 선비답게, 정약용은 형이상학에 대한 거부감을 드러냈다. 공리공론보다는 실천을 앞세운 경향이 감지되는 것이다.

셋째, 정약용의 개인적 취향이 은연중 드러난 부분도 있다. 나는 그것이 천주교의 영향이었을 것으로 짐작한다. 정약용은 사람들의 마음속에 절대자에 대한 확신이 없기 때문에 타락한 생활에 빠지기 쉽다고 서술했다. 간단한 표현이지만 성리학적인 사고와는 궤를 달리한다는 점에서 주목할 일이다.

한 마디로 정약용의 답안지를 들여다보면 모순적이기도 하고 혼란스럽기도 하다. 한편으로는 주류 성리학계의 가르침에 순응하는 듯하면서도, 거기에서 이탈한 모습이 반영되어 있다. 자신의 갈등을 명백한 언어로 표현하지는 않았으나, 그의 내면은 이미 혼란에 빠져 있었던 것이다.

그 무렵 정조를 비롯한 당대의 기득권층은 사상적 위기를 맞이했다. 그들이 초계문신을 선발해서 그들에게 주희의 성리학을 철저히 주입하고자 했다는 사실 자체가, 기득권층의 위기감을 반영하는 것이었다.

문제와 답안

과연 나의 분석은 정확한 것일까. 독자에게도 검토할 기회를 제공해야 할 것이다. 그래서 정약용의 답안지를 아래에 싣기로 했다. 이해를 돕기 위해 답안지를 현대문으로 바꾸었다. 장황한 부분은 과감하게 잘라버렸다.

주희의 사상을 그대로 반영하는 답안은 굳이 강조할 필요도 없을 것이다. 그러나 군데군데 보이는 정약용의 독특한 의견은 언급할 가치가 있다. 그런 답안 밑에는 '나의 논평'을 별도로 적어두었다.

본래 나는 정약용의 답안지를 한 줄도 빠짐없이 다 소개할 생각이었다. 그것이 얼마나 지루하고 따분한지를 보여주고 싶었다. 정조시대의 학문이 보수적이었다는 사실을 이 답안지보다 여실히 입증하는 자료는 없을 것이다. 그러나 독자의 불편함을 고려해 생각을 바꾸었다. 아래에서는 조금이라도 독자들이 흥미를 느낄 만한 5개 항목만 소개하기로 한다.

Q 1: 인간[人]과 동물[物]의 천성은 같은가 다른가.

A 1: 하늘이 주신 성性은 만물도 다 받았다. 그러나 『중용』은 인성人性을 말한 것이다. 사람이라야 오상五常(즉 오륜)을 갖출 수 있다.

나의 논평: 동물도 인간과 다름없다고 주장한 것은 이른바 낙론洛論이다. 정약용은 인성이 특별하다는 호론湖論에 수긍하는 입장이었다. 북학파의 홍대용은 낙론에 가까워, 이른바 화이론華夷論을

부정하고 인류 문명에는 중심과 주변의 구별이 없다고 보았다. 정약용과는 달랐다.

Q 2: 비費와 은隱은 이치[理]요, 제12장에서 말한바, 솔개가 나는 것과 물고기가 헤엄치는 것은 기운[氣]이다. 기를 가지고 이를 비유한 것은 모순이 아닌가.

A 2: 군자의 도는 큰 틀에서는 모든 것이 되고, 좁혀서 말하면 은밀한 데 감춰진다. 그러므로 어리석은 한 쌍의 부부라도 알 수 있고 실천할 수 있어서 '비費'라 한다. 성인으로서도 알지 못하고 할 수도 없는 것은 '은隱'이다. 솔개와 물고기의 비유는 은隱을 문학적으로 표현한 것이다. 그 높고 묘하고 깊고 은미한 형상을 상징한다. 굳이 이기理氣로 설명할 것은 아니다.

나의 논평: 출제자는 이기설을 선호한다. 그러나 정약용은 이기설을 거부한다. 정조와 정약용의 차이점이다.

Q 3: 『논어』의 「이인편里仁篇」에 나오는 '일관一貫'은 곧 충서忠恕다. 제13장의 "충서는 도와 가깝다[忠恕違道不遠]"라는 표현은 초학자를 위한 것인가?

A 3: 일관이 바로 충서다. 용서[恕]에 힘써 사랑[仁]을 구하는 것은 학자라면 누구나 힘써야 할 바다. 이를 실천하는 데 어찌 높고 멀어 실천하기 어려운 일이 있겠는가. 선유가 주장한 일관에 관한 주장은 너무나 광대하고 현묘하므로 받아들이기 어렵다.

나의 논평: 여기서 보듯 정약용은 고매하고 현묘한 것보다는 일상에서의 실천을 중시했다. 실학자 이익과 같은 태도였다.

Q 4: 세상은 어찌하여 격格이 점점 낮아지고 학술이 밝지 못하는가.

A 4: 어찌해서인지 후세의 학자들은 지혜[知]를 얻으려 서두르고 실천[行]에는 힘쓰지 않는다. 형적形迹만 찾고 마음은 구하지 않는 것이다.

나의 논평: 정약용 나름의 현실 비판이지만 지나치게 원론적이다.

Q 5: 존양存養 공부가 어떤 것인지도 모르고, 그윽한 곳에 혼자 있을 적에는 성찰 공부가 어떤 것인지 알지 못하는 까닭이 무엇인가.

A 5: 사람의 마음이 어리석고 완악하여 우주의 모든 이치를 꿰뚫는 이가 없다고 여긴다. 그리하여 방자하여 기탄이 없고, 겉으로 선한 체하면서 안으로는 악하다.

A 5: 배우는 사람은 진심으로 경계하고 삼가며[戒愼] 진실한 마음으로[實心] 더욱 두려워하여[恐懼] 하늘과 사람의 본성과 천명[天人性命]의 근원을 추구할 일이다. 성현의 대월對越 공부를 따라 부지런하고 두렵게 여겨 조금도 안일하거나 방사하지 말아야 한다.

A 5: 고요할 때는 굳센 바위처럼 혼매함이 없고 움직일 때는 사나운 말처럼 조급함이 없어야, 인욕의 사리[私]를 막고 천리의 공정함[公]을 보존하여 중용의 대본과 달도가 거의 만회되

고 이어질 것이다.

나의 논평: 천지의 모든 이치를 꿰뚫는 이, 곧 절대자에 대한 믿음이 없어서 세상이 혼란하다고 보았다. 나는 이 구절에서 정약용의 천주교 신앙이 은밀하게 드러났다고 생각한다.

정조와 정약용의 시각 차이

정약용의 「중용책」을 분석해본 결과, 다가올 19세기 조선의 기구한 운명이 보이는 것만 같았다. 그의 시권을 읽으며, 나는 세 가지 생각을 했다.

첫째, 초계문신 중에서도 정조의 인정을 받으려면 주희의 가르침대로 유교 경전을 철저히 학습해야 했다. 그의 답안지에서 확인했듯, 정약용도 주희의 『중용장구집주』를 빠짐없이 익혀야 했다.

그가 치른 친시는 매우 구체적인 답을 요구했다. 『중용』의 핵심을 파헤쳐 45개나 되는 소소한 질문에 일일이 답해야만 했으니, 초계문신의 하루하루는 실로 지루하고 피곤했을 것이다.

둘째, 시험 문제와 정약용의 글을 자세히 읽어보면 정조와 정약용의 차이가 드러난다. 그것은 시대적 한계 또는 갈등을 보여준다. 나는 이런 현상을 18세기 후반의 문화적 갈등이라고 명명命名하고 싶다. 보수적인 국왕 앞에서 젊고 예리한 정약용은 남몰래 깊이 갈등했을 것이다.

셋째, 과거시험도 그랬지만 초계문신을 대상으로 한 시험 역시 조선 사회의 보수성을 강화하기 위한 수단이었다. 시험 중심의 조선 사회는 모든 수단을 동원해 개혁을 회피하거나 거부했다. 그들에게는 '정학正學'이라는 주희의 가르침이 존재했다. 시대 변화의 요구가 아무리 거세어도 그들은 기성의 가치를 묵묵히 지킬 뿐이었다. 어찌 안타까운 일이 아닌가.

중용의 본질에 한 걸음 더

05

조의의 중용 개론 …
양명학자 정제두의 심층 분석 …
정조의 어전에서 벌어진 진춘 승부 …

『중용』의 내용을 요령 있게 설명할 수 없을까. 19세기의 성리학자 성재 유중교의 글이 눈에 들어온다. 그는 불과 서너 줄로 『중용』의 특징을 설명했다. 주희의 생각을 매우 충실하게 반영한 것이다.

> 『중용』은 전체적으로 문장 구성이 잘되어 있다. 마치 살아 움직이는 생명체 같다. 막힘도 없고 핏줄이 사방으로 연결되어 있다. 제1장은 머리요, 마지막 장은 꼬리다. 비은장費隱章(제12장)과 명성장明誠章(제21장)은 2개의 허리라 하겠다. 그 중간에 있는 제8장, 제10장, 제11장은 세 군데의 배에 해당한다. 귀신장鬼神章(제16장)은 배의 한가운데 있으니 아마도 배꼽에 해당할 것이다.
> (유중교, 『성재집』 제25권, 「중용설1中庸說一」)

아래에서는 『중용』의 의미를 세 가지 측면에서 검토할 생각이다. 우선 조익의 저술을 통해 『중용』에 관한 개설적인 지식을 얻으려 한다. 조익은 17세기의 이름난 선비로서 김육과 더불어 대동법을 시행하는 데 공을 세운 대신이다. 그는 『중용』을 비롯한 여러 경전에 정통했다. 조익은 조선 성리학계의 주류에 속했으나 개성 있는 선비였다. 주희의 그늘에서 조금 벗어난 것이 그의 학문적 특징이었다.

두 번째로 만날 사람은 17세기의 탁월한 양명학자 정제두다. 그에게서『중용』의 한 구절을 직접 배워보는 것도 좋은 일이다. 당대의 석학이었던 그는 경전에 관한 연구를 과연 어떤 식으로 했을까. 궁금증을 해결할 수 있는 좋은 기회가 되기 바란다.

끝으로, 18세기 말 강원도 춘천 출신의 성리학자 박사철에게도 귀를 기울이려 한다.『중용』의 핵심적인 몇 대목을 그와 함께 해석해볼 것이다. 오늘날에는 그의 이름 석 자조차 아는 사람이 드물다. 하지만 그는 한 시대의 총아였다. 어전에 초빙되어 날카로운 질문을 받고도 흠잡을 데 없이 훌륭한 답변을 내놓아, 정조를 감동시켰다. 덕분에 그는 시골 유생에서 일약 회양부사라는 높은 관직에 올랐다.

이 장의 서술을 통해『중용』의 본질에 한 걸음 더 가까이 다가갈 수 있기 바란다. 아울러『중용』에 얽힌 흥미로운 역사적 사실을 탐구하는 재미도 맛보기를 바란다.

조익의 중용 개론

1602년(선조 35) 5월, 포저 조익은 한 편의 흥미로운 글을 마무리했다. 그의 나이 24세였다. 『중용』에 관한 자신의 견해를 정리해 「중용설」이라는 제목을 달았는데, 『포저집』(제21권)에 실려 있다.

그의 회상에 따르면, 그는 여러 해 동안 『중용』을 탐구했다. 그 결과 책의 내용과 특징을 나름대로 잘 이해할 수 있게 되었다. 그는 『중용』에 모든 경서經書의 정수가 담겨 있다고 믿었다. 조선의 다른 학자들도 대체로 그렇게 생각했다.

조익은 『중용』의 주제를 여섯 가지로 파악했다. 첫째, 성품[性]을 다루었다. 둘째, 도리[道]를 말한 곳도 많다. 셋째, 극치極致를 설명했다. 넷째, 중용의 효과[功效]를 알려주었다. 다섯째, 성인聖人, 즉 공자에 관한 서술이다. 여섯째, 학자, 곧 군자의 길을 설명했다.

이상의 여섯 가지를 다룬 최고의 유교 경전이 바로 『중용』이라는 게 조익의 견해였다. 주희를 추종하는 선비라면 대체로 동의했을 것이다.

여섯 가지 주제를 가려 뽑다

조익은 『중용』의 여섯 가지 주제를 선정하고, 그와 직접 관련이 있는 본문을 간추렸다. 경전의 발췌 인용을 통해 자신의 생각을 드러내는 방식이었다. 아래에서는 그가 인용한 구절 가운데서도 특히 핵심적이라 판단되는 내용을 간추린 것이다.

성性 │ 제1장에서 "하늘이 명한 것을 성性(성품)이라고 한다[天命之謂性]"라고 했다. 또 "희로애락의 감정이 일어나기 이전의 마음 상태를 중中이라고 한다. 중이야말로 이 세상 모든 인간 행동의 기준이 되는 큰 줄기다[喜怒哀樂之未發 謂之中 中也者 天下之大本也]"라고 했다.

제20장에서는 "지, 인, 용, 이 세 가지는 세상에서 으뜸가는 덕성이다. 이것을 실천하는 것은 하나다[知仁勇三者 天下之達德也 所以行之者 一也]"라고 했다. 그 하나란 성誠(성품)이다.

제25장에서는 "자기를 이루는 것은 사랑이요, 남을 이루게 하는 것은 지혜다. 이 두 가지는 성품의 덕성이다[成己 仁也 成物 知也 性之德也]"라고 했다.

중용, 조선을 바꾼
한 권의 책

조익은 여러 인용문을 통해 성품이 하늘로부터 오며, 감정이 일어나기 이전의 상태를 회복하는 것이 목적이라고 주장했다. 그 글을 읽노라면 과연 덕성이 무엇인지를 단계적으로 이해할 수 있다.

도道 | 조익이 인용한 구절이 실로 방대했다. 그중 몇 가지만 아래에 옮긴다.

제1장에서 "성품을 따르는 것을 도리라고 한다[率性之謂道]"라고 했다. 또 "도리라는 것은 잠시도 떠날 수가 없다[道也者 不可須臾離也]"라고 했다. 아울러 말하기를 "희로애락의 감정이 일어났으나 절도에 맞으면 조화롭다고 한다. 조화로움이야말로 인간이 추구하는 훌륭한 길이다[發而皆中節 謂之和 和也者 天下之達道也]"라고 했다.

제2장에서는 "군자는 중용의 길을 따른다[君子中庸]"라고 했다. 반면에 "소인은 중용과 반대되는 길을 따른다[小人反中庸]"라고 했다.

제3장에서는 "중용 그것이야말로 완전하다[中庸其至矣乎]"라고 했다.

제6장에서는 "(순임금은) 중용을 백성들에게 실천하였다[用其中於民]"라고 했다.

제10장에서는 "군자는 조화를 이루면서도 휩쓸리지 않고, 가운데 서서 한쪽으로 치우치지 않는다. 나라에 도리가 실천되어도 가난한 시절의 태도를 바꾸지 않으며, 나라에 도리가 없어도 마지막까지 신념을 잃지 않는다[君子和而不流 中立而不倚 國有道 不變塞焉 國無道 至死不變]"라고 했다.

조익은 『중용』에 언급된 도리[道]의 여러 가지 모습을 인용했다.

도리의 본질과 실천 방법에 대해 일일이 설명한 셈이다. 한 마디로 군자의 도리는 중용에 있다는 것이다.

극치極致 | 제1장에서 "중과 조화에 이른다[致中和]"라고 했다.

제17장에서는 "(순임금의) 덕은 (그를) 성인으로 만들었다[德爲聖人]"라고 했다.

제22장에서는 "오직 천하에서 가장 정성스러운 이만이 (하늘이 준) 성품을 온전히 발휘한다[唯天下至誠 爲能盡其性]"라고 했다.

제23장에서는 "정성스러우면 밖으로 드러나고, 드러나면 더욱 뚜렷해지며, 뚜렷해지면 빛난다[誠則形 形則著 著則明]"라고 했다.

제24장에서는 "지극히 정성스러운 이의 도리[道]란 앞일을 미리 아는 것이다. 화와 복이 이르려 할 때 좋아질 것도 좋지 못할 것도 반드시 미리 안다. 그러므로 지극한 정성은 귀신과 같다[至誠之道 可以前知 禍福將至 善必先知之 不善必先知之 故至誠如神]"라고 했다.

이 밖에도 조익은 여러 구절을 인용했다. 전체적으로 보아 정성이 지극해야 기미를 알게 되며, 그 정성 또는 진정성이 있어야 성인군자가 될 수 있다는 주장이다.

효과[功效] | 제1장에서 "천지가 제자리를 잡고, 만물이 자란다[天地位焉 萬物育焉]"라고 했다.

제17장에서는 다음과 같이 말했다. "큰 덕이 있으면 반드시 그에

합당한 지위와 복록, 명성과 수명을 반드시 누리게 된다.『시경』에
도 '아름답고 화락한 군자여, 훌륭한 덕이 밝도다. 백성에게 알맞고
사람들에게 알맞은지라, 하늘이 주신 복록을 받았네. (하늘이 군자를)
보호하고 도우시네. 거듭해서 복을 주시네[大德必得其位 必得其祿 必得
其名 必得其壽 詩曰 嘉樂君子 顯顯令德 宜民宜人 受祿于天 保佑命之 自天申
之]"라고 했다.

제20장에서는 "제 몸을 닦으면 도리[道]가 서고, 어진 이를 공경하
면 미혹되지 않고, 친척을 사랑하면 아저씨들과 형제들도 원망하지
않는다. 대신을 공경하면 현혹되지 않고, 신하들을 자기 몸처럼 보
살피면 선비들이 보답하는 예절이 두터워진다. 백성을 자식처럼 여
기면 백성이 힘써 일하고, 기술자가 찾아오게 하면 재물의 쓰임새
가 넉넉해진다. 먼 지방 사람들을 관대하게 상대하면 사방이 귀의
할 것이며, 제후를 품어주면 천하가 경외할 것이다[修身則道立 尊賢則
不惑 親親則諸父昆弟不怨 敬大臣則不眩 體群臣則士之報禮重 子庶民則百姓勸
來百工則財用足 柔遠人則四方歸之 懷諸侯則天下畏之]"라고 했다.

제22장에서는 "자신의 성품을 극진히 하면 타인의 성품이 극진해
진다. 타인의 성품을 극진히 하면 사물의 성품도 극진해진다. 사물
의 성품이 극진해지면 천지의 변화와 자람[化育]을 도울 수 있다. 천
지의 변화와 자람을 도우면 천지와 함께 (만사에) 참여할 수 있다[能
盡其性 則能盡人之性 能盡人之性 則能盡物之性 能盡物之性 則可以贊天地之
化育 可以贊天地之化育 則可以與天地參矣]"라고 했다.

한 마디로 요약해보자면, 누구라도 성품을 잘 닦아서 한 걸음씩
앞으로 나아가면 성인의 경지에 이르러 하늘과 하나가 될 수 있다

는 주장이다. 사람이 마음만 잘 다스리면 우주의 질서가 바로잡힌 다는 성리학적 이상을 설명한 것이다.

성인聖人 ㅣ 제1장에서 "도리를 닦는 것이 가르침이다[修道之 謂敎]"라고 했다.

제20장에서는 "어떤 이는 나면서부터 안다. 어떤 이는 편안히 (도 리를) 실천한다[或生而知之 或安而行之]"라고 했다. 또 "정성은 하늘의 도리다. 애쓰지 않아도 절로 들어맞고 생각하지 않아도 절로 터득 해, 요란스럽게 굴지 않아도 저절로 도리에 맞는 이가 성인이다[誠 者 天之道也 不勉而中 不思而得 從容中道 聖人也]"라고 했다.

제21장에서는 "정성에서 출발해 밝아지는 것이 성품이다[自誠明謂 之性]"라고 했다.

여기서 조익이 강조하고 싶은 것은 두 가지였다. 하나는 성인의 경지에 대한 설명이다. 성인은 배우지 않고 애쓰지 않아도 도리를 알고 실천하는 경지에 있다고 했다. 두 번째는 바로 그 경지에 누구 나 도달할 수 있다는 점이다. 마음이 정성스러우면 누구라도 결국 그렇게 된다는 것이다.

학자學者 ㅣ 제1장에서 "군자는 남이 보지 않아도 경계하고 조심하며, 남이 듣지 않아도 더욱 두려워한다. 숨은 것보다 더 잘 드 러나는 것이 없고, 작은 것보다 더 잘 보이는 것이 없다. 그러므로 군자는 홀로 있을 때에도 삼간다[君子戒愼乎其所不睹 恐懼乎其所不聞

莫見乎隱 莫顯乎微 故君子愼其獨也]"라고 했다.

제8장에서는 "안회의 사람됨으로 말하면, 중용을 골라서 실천하였다. 한 가지 좋은 것을 얻으면 가슴에 깊이 새겨 잃은 적이 없었다[回之爲人也 擇乎中庸 得一善 則拳拳服膺而不失之矣]"라고 했다.

제13장에서는 "충서忠恕는 도리에서 멀지 않다. 자기가 당하기 싫은 일은 남에게 하지 말라[忠恕違道不遠 施諸己而不願 亦勿施於人]"라고 했다.

제15장에서는 이렇게 말했다. "군자의 도리는 비유하면 이런 것이다. 먼 길을 가려면 반드시 가까운 곳에서 시작해야 하고, 높이 올라가려면 반드시 낮은 곳에서부터 시작해야 한다[君子之道 辟如行遠必自邇 辟如登高必自卑]"라고 했다.

제20장에서는 다음과 같이 설명했다. "군자는 제 몸을 닦아야 한다. 제 몸을 닦으려면 어버이를 섬겨야 한다. 어버이를 섬기려면 다른 사람에 관하여 알아야 한다. 다른 사람에 관해 알려면 하늘에 대해 알아야 한다[君子不可以不修身 思修身 不可以不事親 思事親 不可以不知人 思知人 不可以不知天]."

조익은 이 밖에도 여러 가지 설명을 인용했는데, 군자가 되는 길이 무엇인지를 자세히 보여주려고 한 것이다. 그는 특히 세 가지를 강조했다. 첫째, 홀로 있을 때를 삼가야 한다. 둘째, 지극히 단순하고 가까운 곳에서 출발하여 고원한 경지로 나아가야 한다. 셋째, 가까운 곳에서 시작하려면 근본적인 것부터 잘 알아야 한다.

총설과 용어 해설

여러 해 동안 『중용』을 공부한 결과, 조익은 이 책자에 담긴 핵심적인 가치를 파악할 수 있었다. 그가 기술한 것은 『중용』의 총설에 해당한다. 독자들이 이해하기 쉽도록 최대한 짧고 평이하게 기술하면 다음과 같다.

성품[性]이란 하늘이 주신 이치[理]다. 도리[道]는 또 무엇인가. 성품이 올바르게 표현된 것이다. 이른바 중용이 그것이다. 그럼 덕성[德]은 무엇인가. 성품이 지닌 것으로서 도리를 실천하는 힘이다. 이것은 모든 사람에게 공통된 것이다. 사람의 성품은 잘나고 못남에 따라 다른 것이 아니다.

극치極致란 덕성이 풍부해서 최고 단계에 도달한 것이다. 효과[功效]란 덕성이 탁월하여 도리대로 실천한 결과다. 즉 그 효과에 해당한다. 물론 이것은 성인군자에게서 볼 수 있는 현상이다. 그러나 이치상으로 본다면 이 또한 성품을 온전히 발휘하면 되는 것이다. 타고난 성품을 온전히 다하는 것 외에 다른 방법이 있는 것이 아니다.

조익은 『중용』에 나오는 여러 가지 개념에 대해서도 적절한 설명을 덧붙였다. 그 가운데서도 가장 중요한 것은 세 가지였다. 정성[誠], 공경[敬], 중용이었다. 하나씩 차례로 살펴볼 것이다.

정성[誠] | 정성이 만물의 근본이다. 성인들이 정성을 언급할 때는 사람의 정성스러운 마음만을 설명했다. 천지의 성실한 이치를 따로 언급한 적이 없었다. 그런데 자사가 『중용』에서 처음으로

그 개념을 확대했다. 가령 귀신의 성질을 설명하면서 "정성을 가릴 수 없음이 이와 같다[誠之不可掩如此夫]"라고 했다. 또 천지에 대해 "천지의 속성은 하나일 뿐이다. 만물을 짓는 그 힘을 헤아릴 수 없다[其爲物不貳 則其生物不測]"라고 했다. 성인의 특징에 대해서도 "정성은 하늘의 도리다[誠者 天之道]"라고 규정했다. 요컨대 정성은 만물의 시작이자 끝이라는 것이 조익의 설명이다.

공경[敬] | 옛 성인들이 정치와 학문을 말할 때는 공경을 요체로 여겼다. 멀리 황제黃帝와 전욱顓頊의 시대에도 공경이 태만을 이긴다거나[敬勝怠] 태만이 공경보다 더하다거나[怠勝敬] 하는 주장이 있었다. 이후의 역사시대에도 수천 년에 걸쳐 임금과 신하가 서로를 경계하고 단속한 것이 '경敬' 한 글자에 지나지 않았다. 공자와 맹자의 가르침 또한 여기서 벗어난 적이 없었다.

표현은 다양했으나, 그 핵심은 다음과 같이 요약할 수 있다. 특별한 일 없이 조용히 지낼 때는 그 마음을 기르고 지키며(존양), 움직이거나 활동할 때는 반성하여 살피는 것(성찰)이 전부였다.

『중용』은 책의 첫머리에서 마지막까지 경계하고 두려워함(계구)과 홀로 있을 때를 삼감(신독)으로 일관했다. 아득히 먼 과거의 황제로부터 공경을 말해왔으나, 그 뜻은 '계구'와 '신독' 두 마디로 요약할 수 있다.

중용中庸 | 요순시절부터 '중中'이라는 글자만 말했을 뿐이다. '용庸'이라는 글자를 더해 사용한 것은 공자였다. '중'이란 평상平常,

곧 일상의 도리이기 때문이었다. 사람들이 항상 실천해야 하는 것, 잠시라도 벗어나면 안 된다는 뜻에서 중용이라 했다.

자사는 이 도리가 사라질까 봐 『중용』이란 글을 지어, 그 도리를 밝혔다. 책의 제목을 『중용』이라고 한 데는 깊은 뜻이 있었던 것이다.

성현들이 성품[性]을 말하고 도리[道]를 설명하고 배움[學]을 권장한 취지가, 『중용』에 모두 포함되어 있다. 후세에 큰 가르침을 준 맹자도 자사의 문인에게 배웠다. 그러고 보면 맹자의 학문도 『중용』을 통해 자라난 것임을 알 수 있다. 가령 맹자의 성선설性善說만 해도 『중용』에서 설파한 천명에 뿌리를 둔 것이다. 그가 양지良知와 양능良能을 주장한 것도 솔성率性, 즉 본성을 좇은 것이다.

"천천히 걸음을 옮겨 어른의 뒤를 따라가면, 그것이 공경이다. 빨리 걸어서 어른보다 앞서 가면 공경하지 않은 것이다. 천천히 걷는 것쯤이야 누군들 할 수 없을까. 다만 사람들이 하지 않는 것이다. 요순의 도리는 효제뿐이다[徐行後長者 謂之弟 疾行先長者 謂之不弟 夫徐行者 豈人所不能哉 所不爲也 堯舜之道 孝悌而已矣]." 맹자의 말이다. "도리는 사람에게서 멀지 않다[道不遠人]"라는 『중용』의 말에서 비롯된 것이다.

"불변의 이치와 도리를 담은 책"

조익은 『중용』을 공부한 결과 무엇을 알게 되었을까. 그가 내린 결론이 궁금하다. 조익은 이렇게 말했다.

『중용』은 3천여 자에 불과하다. 그러나 그 가운데 천리天理의 미세함

중용, 조선을 바꾼
한 권의 책

[隱微]과 인도人道의 거창함이 들어 있다. 성인이 성인인 이유도, 보통 사람이 공부를 통해 성인이 되는 방법도 다 나와 있다. 위로는 수천 년 전에 살았던 성인의 말씀이 담겨 있고, 아래로는 수천 년 뒤에 나타날 현인의 학문까지 열어주고 있다. 그러므로 모든 경서의 핵심을 이 한 권에 담았다고 평해도 좋겠다.

천지를 꿰뚫고 만고에 불변한 것은 하나의 이치[理]다. 이치가 하나라서 성품[性]도 하나다. 성품이 하나이므로 도리[道]도 하나다. 『중용』은 바로 그 성품과 도리를 설명했다. 과거로 거슬러 올라가 성인들이 실천한 도리를 찾는다면 바로 이 도리일 것이다. 도리를 언급하면서 『중용』과 다르게 하면 그것은 잘못된 도리[異道]요, 학문을 논하면서 『중용』과 다르게 주장한다면 잘못된 학문[異學]일 것이다. 그러므로 성인의 도리를 깨치고 천덕天德에 다가서려면 『중용』을 기준으로 삼아야 한다.

중용은 예부터 성현이 걸어온 길이요, 지혜[知]와 실천[行]은 성현이 중용의 경지를 체득한 요체였다. 사람마다 기질의 우열이 있고, 시간적으로는 예와 오늘[古今]의 차이가 있다. 공간적으로도 문명과 오랑캐[華夷]의 차이가 있다. 그러나 성품과 도리는 다름이 없다. 선비라면 스스로를 북돋워 성현이 추구한 바를 목표로 삼아야 한다. 이 사람 조익은 어리석으나 중용에 도달하기를 목표로 삼아 죽도록 지혜와 실천에 힘쓸 것이다.

청년 조익의 결심이 그러했다. 이런 굳은 결심이 있어서였겠지만 그는 점차 비범한 인물로 성장했다.

1611년(광해군 3) 홍문관 수찬으로 있을 때는 퇴계 이황의 문묘종사文廟從祀를 반대한 정인홍을 탄핵했다. 당시 정인홍은 북인의 우두머리로서 조정의 실권을 쥐고 있었는데, 그와 정면으로 충돌했던 것이다. 이 때문에 조익은 변방으로 좌천되었고, 곧 관직에서 물러났다. 나중에 인조반정으로 북인들이 쫓겨나자, 조익은 조정에 복귀했다. 1649년(효종 즉위년), 조익은 서인의 지도자로서 좌의정의 높은 지위에 올랐다. 그는 서인의 사상적 기둥인 이이와 성혼의 위패를 문묘에 모시기 위해 노력했다. 그는 관직생활을 하는 동안 줄곧 민생의 안정을 위해 고심했다. 그리하여 김육이 주장한 대동법을 시행하는 데도 누구보다 앞장섰다. 시호는 문효文孝다. 저술로『포저집浦渚集』이 있는데, 규모가 방대했다(35권, 18책).

충청남도 예산에 있는
포저 조익의 묘.

양명학자 정제두의
심층 분석

하곡 정제두는 범상한 선비가 아니었다. 그는 조선 후기의 선비로서는 보기 드물게 성리학과 결별하고 양명학에 심취했다. 그는 노년에 이르러 학문적 자유를 찾아 강화도로 들어갔다. 후세는 그를 강화학파의 비조鼻祖로 손꼽았다. 제자들 가운데는 명필로 유명한 원교 이광사가 있다.

양명학은 16세기부터 조선에 들어오기 시작했다. 초기에는 장유와 최명길이 앞장섰다. 특히 장유는 조선의 성리학자들이 위선에 빠져 있다고 공격하면서 진정한 마음으로 학문을 닦아야 볼 만한 업적이 나타난다고 했다. 성리학자들은 일반적으로 인간의 욕심[人欲]을 부정적으로만 바라보았다. 그러나 양명학자들은 욕망을 긍정했다. 정제두는 바로 그러한 학문적 전통을 이어받았다. 그는 당대의 성리학자들이 주희를 빌려 자신의 위엄을 만들고 삿된 정치적 욕망을 추구한다며 신랄하게 비판했다.

양명학자인 정제두에게 이[理]란 사물의 이치가 아니라, 내 마음의 참된 지식[良知]이다. 중국의 양명학자 왕수인은 일찍이 양지가 곧 하늘의 이치[天理]라고 주장할 정도였다. 조선의 양명학자들 역시 그러한 바탕 위에서 심즉리[心卽理]를 주장했다. 나의 이치를 내 마음에서 찾자는 것이었다.

그런데 조선의 양명학은 중국의 양명학과는 달랐다. 그들처럼 급진적인 방향으로 발전하지 못했다. 명나라의 왕수인이 인간 평등과 존엄을 강조했던 것과 달리, 정제두는 신분적 위계질서를 옹호했다. 한 마디로 조선의 양명학자들은 정치사회적 혁명과는 거리가 멀었다. 그러한 한계는 있었으나, 성리학자들과는 철학적 인식에서 엄연한 차이를 보였다.

이제 정제두의 『중용』 강의를 들어보자. 그의 문집에서 흥미로운 한 편의 글을 찾았다. 『중용』 「천명편」의 아랫부분에 나오는 한 구절, "아직 펼치지 않은 것을 중이라 한다는 구절에 대하여[中庸天命下節未發之謂中章]"(정제두, 『심경집의心經集義』 제2권)가 그것이다. 아래에서는 그 글을 바탕으로, 정제두의 독창적인 견해를 소개할 생각이다.

중용에 이르는 길은 마음에 있다

우선 정제두가 해설한 『중용』의 한 대목을 골라보자. 그런 다음 그의 주석과 해설을 자세히 알아보겠다. 나는 『중용』 제1장에 대한 정제두의 해설이 궁금했다. 그 본문은 다음과 같다.

기쁨, 성냄, 슬픔, 즐거움이 나타나기 이전의 상태를 중中이라 한다. 그것이 움직여서 절도에 맞으면 조화롭다[和]고 말한다. 그러므로 중은 천하의 큰 줄기[大本]요, 조화[和]는 천하 어디서나 통하는 도리[達道]다. 이 두 가지를 지극히 실천하면 천지는 제자리를 잡고 만물이 자라난다.

정제두는 위의 인용문을 정확하게 이해하기 위해 『대학』을 펼쳐 들었다. 그러고는 비교가 될 만한 대목을 발견했다.

이른바 몸을 닦음은 마음을 바르게 하는 데에 있다. 마음에 성냄이 있으면 바르게 되지 못한다. 두려움이 있어도 바르게 되지 못한다. 좋아함이 있어도 바르게 되지 못한다. 걱정이 있어도 바르게 되지 못한다. 마음이 없으면 보아도 보이지 아니하고, 들어도 들리지 아니한다. 먹어도 맛을 알지 못한다. '몸을 닦음은 마음을 바르게 함에 달려 있다는 것이 이것이다.'

자신의 의견을 따로 언급하지는 않았다. 그럼에도 정제두가 무엇을 주장하려 했는지는 명확히 드러난다. 양명학자답게 그는 마음의 역할을 강조했다. 정심正心, 곧 마음을 바로세우지 않으면 희로애락의 감정이 조화롭지 못하다. 나아가 몸을 닦을 수 없다. 결국 중화中

和에 이르는 첩경이 마음을 바르게 하느냐 못하느냐에 달려 있다는 주장이다. 성리학자라면 정성[誠]과 공경[敬]을 강조하는 것으로 만족할 것이다. 하지만 양명학자 정제두는 정심正心으로 달려갔다. 양자 사이에는 미묘한 차이가 있다.

아홉 가지 근거 자료

정제두는 자신의 주장을 뒷받침하기 위해 많은 자료를 제시했다. '집의集義'라는 명목 아래, 그는 9개의 자료를 엮어두었다. 차례로 하나씩 검토해보자.

> ① 『논어』다. "공자는 네 가지를 끊었다. 뜻함도 없고[毋意] 반드시 하려고 하지도 않고[毋必], 무엇인가를 고집하지[固] 않았으며, 나[我]가 없었다."

> ② 주희의 주석을 인용해 그 뜻을 명확히 했다. "끊는다는 것은 없어졌다는 것이다. 무毋는 『사기史記』에 없음[無]이라 하였으니 그것이 옳다."

> ③ 주희의 글에서 장자張子, 곧 장재의 말을 재인용했다. "네 가지 중 하나라도 있으면 천지와 서로 같지 못하다."

별도의 설명은 없으나, ①~③을 통해서 정제두가 하고 싶은 말이 저절로 드러난다. 공자가 마음을 바르게 하려고 우선 네 가지를 스스로 끊었다는 사실이다. 정제두는 여기에 모든 서술의 초점을 맞추고 있다.

④ 자한子罕의 「계사전繫辭傳」을 인용했다. "『주역』에서 말하기를, 끊임없이 오고 가자 벗이 네 생각을 좇는다고 하였다."(함괘咸卦 구사九四)

⑤ 「계사전」에서 다시 공자의 말을 재인용했다. "천하에 무엇을 생각하랴? 천하는 길이 달라도 하나로 돌아가며, 백 가지를 생각해도 일치한다. 천하에 무엇을 생각하랴? 해가 지나면 달이 오고, 달이 가면 해가 온다. 해와 달이 서로 교대하여 밝음이 있다. 추위가 가면 더위가 오고 더위가 가면 추위가 온다. 추위와 더위가 서로 교대하여 한 해가 된다. 가는 것은 굽히는 것이며 오는 것은 펴는 것이다. 두 가지가 서로 접촉하여 이익[利]이 생긴다. 자벌레가 굽힘은 펴기 위해서요, 용과 뱀이 엎드려 숨는 것은 몸을 보존하기 위해서다. 정미한 이치가 신명[神]한 곳에 들어가니 작용[用]이 이뤄진다. 작용을 이롭게 하여 몸을 평안히 함으로써 덕을 높인다. 이 이상은 더러 알 수 없는 것이다. 신명[神]에 이르러[窮極] 조화[化]를 안다면 덕이 지극한 것이다."
(하전下傳 5)

④~⑤의 의미는 무엇일까. 정제두는 끊임이 없다는 것이 깊은

차원에서 무엇을 의미하는지를 드러내고자 했다. 끊임이 없다는 것도 자세히 살펴보면 성격이 서로 다른 두 가지가 교대하는 것이다. 상호교류를 통해 이익도 생기고 조화도 이뤄진다. 이처럼 깊고 오묘한 뜻이 거기에 숨어 있다는 점이 중요하다.

⑥ 그다음은 사현도謝顯道와 정이천程伊川(정이)의 문답을 인용했다. 사현도가 정이천을 찾아갔을 때 정이천이 물었다. "요사이 일이 어떠한가?" 사현도가 대답하기를, "천하에 무엇을 생각하겠습니까." 정이천이 말했다. "과연 이런 이치가 있네. 다만 그대가 너무 일찍 발견했네." 정이천은 사람을 단련시킬 줄 알아서 그렇게 대답한 것이었다. 그는 제자에게 부탁하기를, 그저 공부에 마음을 잘 붙이라고 했다.

⑦ 고자告子와 맹자도 인용했다. 무엇이든 마음에 얻지 못하거든 기운[氣]으로 구하지 말라는 것이 고자의 말이었다. 맹자가 약간 부연해서 설명했다. "뜻[志]은 기운[氣]의 우두머리[帥]요, 기운은 몸[體]을 채우는 것이다. 뜻이 제일이요, 기운은 그다음이다. 그러므로 뜻을 지키고 나서 기운을 기르는 법이다." 이어서 또 말했다. "나의 호연浩然한 기운을 잘 기르고 있노라. 그 기운은 지극히 크고 지극히 강하다. 곧게 길러 방해를 받지 않으면 천지 사이에 가득할 것이다. 그 기운에 의리[義]와 도리[道]가 있다. 이것이 없으면 풀이 시든다. 이 기운은 의리가 우러나와서 생긴 것이지, 의리가 밖에서 주어진 것이 아니다. 어떤 행실이

내 마음에 비추어 부족하면 풀이 죽는다. 그러므로 내가 보기에 고자는 의리를 알지 못하는 것 같다. 그는 의리를 밖에서 찾기 때문이다. 언제 무슨 일을 하더라도 마음에 반드시 무얼 하겠다고 다짐하지 마라. 잊지도 말고 조장하지도 마라."(공손추公孫丑, 상上)

⑥~⑦에서 정제두는 마음을 끊는 것이 무엇인지를 다시 설명했다. 특히 ⑦에서 맹자를 인용했는데, 그 생각이 공자가 위에서 말한 네 가지를 끊는 것과 같음을 증명했다. 정제두는 모든 것을 외부 자극에서 구하지 말고 자신의 마음에서 찾아야 한다고 주장했다. 선불교에 가까운 사고방식이다. 여기서 보듯 정제두의 마음 공부는 이치를 중시하는 성리학자들과는 전혀 달랐다.

⑧ 정제두는 정자를 재차 인용했다. "공경[敬]하여 안을 곧게 하며, 의리[義]로 밖을 방정하게 하는 것이 인仁이다. 만약 공경으로 안을 곧게 하려는 의지를 가지면 곧아지지 못한다. 인의仁義는 그대로 실천하는 것이다. 어찌 곧게 하려는 의지가 있겠는가. 무엇을 하더라도 마음에 반드시 그렇게 하리라는 다짐이 없어야 곧아지는 것이다."

⑨ 주희의 말도 인용했다. "사람의 마음은 지극히 신령스러워 온갖 변화를 주재한다. 사물이 마음을 주재하는 것이 아니다. 그러므로 잡겠다든가 지키겠다는 등의 의지가 있으면 그것은 마

음이 먼저 스스로 동한 것이다. 그래서 정자는 늘 이렇게 말했다. '장자莊子가 앉아서 잊는다[坐忘]라고 말한 것은 곧 앉아서 달리는 것[坐馳]이다.' 배우는 이에게 마음을 잡고 지키는[操存] 도리를 가르칠 때는 '공경하여 안을 곧게 하라'고 말하기는 한다. 그러나 '공경으로 안을 곧게 하려는 의지를 가지면 곧아지지 못한다.' 이런 말씀이 있다."

⑧~⑨에서 정제두는 한 가지 주장에 집중했다. 공자가 말한바 '기필', 곧 무슨 일을 반드시 이루겠다는 의지를 버리라는 것이었다. 마음을 바르게 하는 데는 자기도 모르는 사이에 내면 깊은 곳에서 저절로 우러나오는 것이지, 의지의 작용으로 억지를 부려서는 안 된다는 생각이었다.

성리학자라면 위에서 인용한 『중용』 「천명편」에 대해 무슨 말을 할까. 그들은 천인합일, 곧 인간과 하늘이 일치되는 경지에 어떻게 도달할까를 궁리한다. 그리고 '중화'라는 개념을 파헤쳐, 이기설을 전개한다. 궁극적으로는 성인만이 천지와 같은 효과를 낼 것이며, 보통 사람들은 그 경지에 도달하기 위해 정성[誠]을 쏟아야 한다고 말한다. 정제두가 화제를 정심正心으로 옮기는 것과는 큰 차이가 있다.

"무엇을 하건 마음에 다짐하지 마라"

이어서 또 다른 구절 하나를 살펴볼까 한다. 내가 선택한 것은 『중용』 제12장에 나오는 말이다.

『시경』에서 말하였다. "솔개는 날아서 하늘에 이르고 물고기는 못에서 뛰논다." 이것은 이치가 위에서도 아래서도 나타나는 것을 뜻한다.

정제두는 과연 이 구절에 대해 어떤 설명을 달았을지 궁금하다. 그는 정명도程明道(정호)의 설명을 그대로 수용했다.

"명도가 말하였다. 이 구절은 자사가 간명하게 사람을 깨우친 대목이다. 맹자가 했던 말이 생각난다. '언제나 무슨 일을 하더라도 마음에 반드시 무얼 하겠다고 다짐하지 마라.' 그 말씀과 더불어 생기발랄하게 살아 있는 가르침이다." 제대로 이해해서 얻으면 생기발랄한 것이요, 그러지 못하면 정신을 희롱하는 말이다.

정제두는 자신의 생각이 옳다고 확신했다. 그는 증거가 될 만한 문헌 자료를 10개 이상 제시했다. 물론 「집의」 형식으로였다. 차례로 하나씩 검토해보자.

① 다시 「계사전」을 인용했다. "역易은 생각하지도 않고 하는 것도 없이 고요한 상태로 움직이지 않다가 무엇인가를 느껴서 천하의 이치를 통하게 한다. 천하에 지극히 신명[神]한 이가 아니면 누가 이 경지에 이르리오."(상전上傳 10)

② 또다시 정이천을 인용했다. "마음은 하나다. 그러나 그 본질[體]을 가리켜 말한 구절도 있다. '고요한 상태로 움직이지 않는

다'는 것이다. 그 작용[用]을 말한 구절도 있다. '무엇인가를 느껴서 천하의 이치를 통하게 한다'라고 한 대목이다. 중요한 것은 우리가 본 바가 그중 어떠한 것인지를 아는 것이다."

①~②의 요점은 무엇일까. 마음에도 본질과 작용의 두 부분이 있으므로, 항상 잘 살펴야 한다는 것이다.

③『주역』을 인용하기도 했다. "태극이 있어 이것이 양의兩儀, 곧 하늘과 땅을 낳았다."(상전上傳 11)

④ 주돈이의『태극도설』을 인용했다. "무극이 태극이다[無極而太極]." "오직 사람만이 빼어난 기운[秀氣]을 얻어 가장 신령[靈]하다. 그래서 사람은 형체가 생기자 정신이 지혜[知]를 발휘한다. 오성五性, 곧 인의예지신을 느껴 사물을 선악으로 나누고 만사가 비롯된다. 성인은 중정인의中正仁義로 안정하여 고요한 가운데 인극人極을 세웠다. 성인은 욕심이 없기 때문에 고요하다."

③~④를 통해서 정제두는 태극이 천지를 낳았듯, 사람 중의 으뜸인 성인이 사람이 목표로 삼을 '인극'을 세웠다고 보았다.

⑤ 또 주돈이를 인용했다. "성인을 배울 수 있을까? 배울 수 있다. 요점이 있을까? 있다. 하나 됨[一]이 그것이다. 하나 됨은 욕심이 없는 것이다. 욕심이 없으면 고요할 때는 텅 비고 움직일 때는 곧

다. 고요할 때 텅 비면 밝고, 밝으면 통한다. 움직일 때 곧으면 공정하다. 공정하면 넓다. 밝아서 통하고 공정하여 넓으면 거의 된 것이다."

⑥ 그다음은 주돈이의 「양심설養心說」을 인용했다. "마음을 기를 때는 욕심을 줄이는 것보다 더 좋은 것이 없다. 나는 말하노라. 마음을 기를 때는 욕심을 줄이는 데 그치지 말고 마음을 두어야 한다[存]. 욕심을 줄여서 사라지는 경지에 이를 텐데, 그리되면 정성[誠]이 이뤄져 밝아지고 드디어 통한다. 정성이 이뤄지면 어진 이[賢人]요, 밝아서 통하면 성인이다. 성현은 본성[性] 그대로 태어난 것이 아니다. 반드시 마음을 길러 그렇게 되어야 한다. 마음을 기르는 것은 그 좋은 점이 이와 같이 크다. 모든 것이 사람에게 달렸다."

⑤~⑥은 성인군자란 태어난 그대로가 아니요, 마음을 길러서 그렇게 된 것이라는 말이다. 마음은 어떻게 기르는가. 욕심을 줄여야 한다. 이것은 앞의 ④에서 말한 대로 욕심이 없어서 고요하다는 것과 같은 이치다.

⑦ 이어서 또 말했다. "정성[誠]은 그 자체로는 아무것도 하지 않는 마음의 상태이고, 거의[幾]란 착하기도 하고 악하기도 한 것이다. 오덕은 무엇인가. 사랑을 인仁이라 하고, 마땅함을 의義라 한다. 다스려짐을 예禮라 하고, 통함을 지혜[智]라 한다. 지킴은 신信이라 한다. 성품[性]대로 살아, 자연스럽게 편안함을 성

性이라 말한다. 회복하고 지키면 어질다[賢]고 이른다. 펼쳐도 미세[隱微]하여 볼 수 없으나 가득 차도 다하지 않으면 신神이라 부른다."

⑦은 인간의 도덕과 그 효과를 설명한 것이다. 아울러 신령한 부분까지도 간단히 말했다.

⑧ 다시 장재와 정씨의 문답을 인용했다. "성품[性]을 안정하여도 결국 움직이는 것은 외물外物에 끌린 것이다." 장재의 말이다. 정자는 이렇게 말했다. "이른바 안정한다는 것은 움직여도 안정되고 고요해도 안정되어, 보냄도 맞이함도 없고 안도 밖도 없는 것이다. 외물을 밖의 것이라면서 제 몸을 끌고 좇아가면 자기의 성품에 안과 밖이 있다고 본 것이다. 성품이 외물을 따른다면 그것이 밖에 있을 때 안에는 무엇이 있는가? 외물의 유혹을 끊으려는 데만 뜻을 두면 성품에 안과 밖이 없다는 것을 모르는 처사다. 안과 밖의 두 가지로 근본을 삼으면 어찌 안정을 말할 수 있는가? 천지의 떳떳함이란 무엇인가. 그 마음으로 만물에 두루 미치면서도 마음이 없는 것이다. 성인의 떳떳함은 무엇인가. 그 감정[情]으로 만사에 순응하지만 감정이 따로 없는 것이다. 군자의 공부는 넓고 크게 공정하여 사물이 다가오면 순응하는 것이다. 『주역』에 이르기를, "길吉하여 뉘우침이 없으리라. 끊임없이 오고 가면 벗이 네 생각을 좇으리라"고 하였다.

인용이 장황하여 본뜻을 놓치기 쉽다. 그러나 주장하는 바는 간단하다. 성품에는 안팎이 따로 없고, 움직임도 고요함도 없다는 말이다. 만물에 순응하면서도 별다른 감정이 없는 공정한 것이라고 했다.

⑨ 장재와 정씨의 문답이 계속해서 인용된다. 밖의 유혹을 제거하려고 마음을 쓰지 마라. 동쪽에서 멸하면 서쪽에서 생길 것이다. 세월이 부족하여 겨를도 없을 뿐만 아니라 그 끝이 무궁하여 제거해버릴 수도 없다. 사람의 감정[情]은 저마다 그늘이 있어 도道에 이르지 못한다. 병통이 어디 있는가. 저 스스로 사사로워 지혜를 쓰려고 하기 때문이다. 스스로 사사로우면 일부러 무엇을 해도[有爲] 사물에 순응하지 못한다. 지혜를 쓰면 어찌 되는가. 저절로 하는 것[無爲] 같은 자연스러움이 없어 실패한다. 외물을 싫어하는 마음으로 아무것도 없는 것으로 비쳐지기를 원한다면, 거울을 뒤집어서 얼굴을 보는 셈이다.

⑩ 또 『주역』을 인용했다. "등 뒤에서는 몸의 앞쪽을 볼 수 없다. 그의 뜰 안을 오가면서도 그 사람을 보지 못한다."

⑪ 맹자도 비슷한 말을 했다. "지혜[智]를 미워하는 까닭이 있다. 천착하기 때문이다."

⑫ 정씨의 말을 기듭 인용했다. "밖을 그르다 하고 안을 옳다 하

는 것이 안과 밖 두 가지를 다 잊는 것만 못하다. 둘을 다 잊으면 맑아져 아무 일도 없을 것이다. 아무 일도 없으면 안정된다. 안정되면 밝아진다. 밝아지면 사물에 순응하는데 무슨 병통이 있겠는가?"

⑨~⑫의 요지는 무엇일까. 역시 성품에는 안팎이 없다는 말을 부연 설명한 것이다. 그 과정에서 무위와 유위를 비교했고, 지혜 있는 사람이 천착의 오류에 빠지기 쉬움을 경고했다.

⑬ 역시 정씨의 말로 끝을 맺는다. 정제두는 정호와 정이를 대단히 존중했다. 주희는 정씨 형제를 따르면서도 비판했다. 눈여겨볼 대목이다. "성인이 기뻐하는 것은 사물이 당연히 기뻐할 만한 일이기 때문이다. 성인의 성냄은 사물이 성낼 만한 일이라서 그런 것이다. 성인의 기쁨과 성냄은 자신의 마음에 달린 것이 아니라 사물에 달린 것이다. 성인이 어찌 사물에 순응하지 않겠는가? 밖에서 다가오는 것을 어찌 그르다 하며, 안에 있는 것을 구하여 어찌 옳다고 할까 보냐? 스스로 사사로워서 지혜를 쓰는 기쁨과 성냄은 어떠한가. 성인의 기쁨과 성냄이 바른 것과 비교해볼 때 과연 어떠한가? 사람의 감정 가운데서 일어나기도 가장 쉽고 억제하기도 가장 어려운 것은 성냄이다. 성이 날 때 성냄을 잊어라. 오직 이치의 옳고 그름만을 따져라. 그러면 바깥의 유혹이 병폐에 이르지 않아 도리에 가까워질 것이다."

정제두는 무엇을 말하고 싶었던 것일까. 성냄이 없는 성인의 경지에 이르는 길이 있다고 했다. 그는 정씨의 설명을 통해 그 길을 친절하게 가르쳐주기도 한다. 도리에 가까운 마음이 그것이다. 이치만을 따질 뿐 사사로움이 전혀 없는 마음이다. 이것이 바로 양명학자가 생각하는 정심正心의 요체다.

제법 길었던 정제두의 강의를 마칠 때가 되었다. 그가 내린 이 강의의 짤막한 결론은 다음과 같다.

"도심은 오직 하나여야 한다[道心惟一]는 그 하나[一]이다."

사심도 없고, 지혜도 없고, 분별도 안팎도 없는 공정하고 열린 마음이다. 이쯤 되면 정말 선가禪家의 법설과 무슨 차이가 있을까 싶다. 성리학자들과 양명학자들이 서로를 용납하기 어려웠던 이유를 알 것 같다.

행여 조선의 성리학자들과 양명학자들이 정치적 사건을 둘러싸고 날카롭게 대립한 적은 없었을까. 궁금하게 여길 독자들이 있을 것이다. 결론적으로 말해, 그런 사건은 없었다. 조선의 양명학자들은 숨을 죽이며 학문에 침잠할 뿐이었다. 그들은 첨예한 정치적 사안에 대해 독자적인 목소리를 낼 만큼 하나의 정치세력으로 발전하지 못했다. 아쉬운 점이었다. 바로 그만큼 조선 사회는 성리학 일변도였다는 반증으로 해석해도 무방하다.

정조의 어전에서 벌어진
진검승부

조선 후기에 가장 뛰어난 임금은 누구였을까. 별로 망설일 것도 없이 정조라고 대답할 것이다. 그는 탁월한 학자였고, 수완 좋은 정치가였으며, 심지어 음악과 미술에도 출중했다. 휘하에 다산 정약용과 연암 박지원 등 빼어난 학자들을 많이 거느렸다. 그의 치세에는 동서양의 건축기술이 집약된 화성이 건축되기도 했다. 오늘날 화성은 유네스코 세계문화유산이기도 하다. 그 밖에도 정조는 다방면에 걸쳐 많은 업적을 남겨 후세의 호평을 받는다.

그러나 정조 시대에도 좀체 풀리지 않는 난제가 많았다. 왕과 조정 대신들이 가장 곤혹스러워 한 것은 천주교의 유행이었다. 서남해안에 무장한 서양 상선이 출몰해 민심도 소란했다. 서양의 물리적 위력을 절감하기 시작한 때였는데, 설상가상으로 서양의 종교를 신봉하는 백성들이 조상의 신주를 없앴다(1791, 정조 15). 천주교의 등장은 정치, 사회, 문화적으로 조선 사회에 깊은 충격을 주었다. 또한 조선 사회를 두 편으로 갈라놓았다. 천주교를 믿는 소수파에 대한 노골적인 비방과 탄압이 갈수록 심해졌다.

놀랍게도 이름난 선비 권일신조차 천주교도라는 사실이 드러났다. 그는 이익의 문하에서 가장 탁월한 학자로 손꼽히는 안정복의 사위이기도 했다. 권일신이 천주교 '교주'라는 소문이 사실로 확인되자 여론이 들끓었다(『정조실록』, 정조 15년 11월 3일 기사 참조). 천주교는 배우지 못한 백성들만의 종교가 아니었다. 조선 최고의 선비들까지 깊숙이 관여된 새로운 사회문화적 흐름이었다.

사실 천주교 문제는 1780년대 말부터 표면화되기 시작했다. 그러자 이단에 관한 보수 집권층의 공격이 끊이지 않았다. 천주교 문제는 당파싸움과 겹치면서 복잡한 양상을 띠었다. 정조의 선택은 무엇이었을까. 정조는 성리학적 이념을 강화하기로 결심했다. 앞에서 살펴보았듯이 정조는 강도 높은 과강課講과 과제課製, 즉 경전 강의와 경전에 대한 논술 시험을 통해 초계문신들을 성리학의 이념적 전사로 기르고자 했다.

이른바 '정학正學'인 정통 성리학 교육을 전국적으로 강화하는 것이 정조의 선택이었다. 왕은 조선의 사회문화적 지형이 천주교(서학)로 인해 바뀌어서는 안 된다고 확신했다. 그래서 왕은 성리학의 전통이 상대적으로 취약한 강원도와 함경도의 선비들에게 특히 주목했다.

성리학에 능통한 시골 유생들을 발굴하다

시골 유생 중에도 경전에 해박한 이가 적지 않았다. 천주교가 유행한 덕분에, 아니 정조가 성리학 교육을 강화하기로 결심한 바람에 그들에게도 출세의 기회가 왔다. 몇 명의 스타가 탄생했다. 안석임安錫任, 박사철朴師轍 등이다. 그들은 평생 초야에 묻혀 지내며 주희의 주석서를 깊이 연구했다. 그러다가 이제 때를 만난 셈이었다.

1793년(정조 17) 4월 9일자 『정조실록』에 그들의 발굴을 알리는 기록이 다음과 같이 실려 있다.

> 정조가 말하였다. "(…) 횡성의 전 참봉 안석임, 춘천의 전 주부注簿 박사철이 가장 우수하다. 안석임은 나이가 74세이고, 사철의 나이도 70에 가까워 그들에게 억지로 벼슬을 맡기기 어려운 점이 애석하다. 특별히 두 사람을 돈녕도정(정3품)에 올려 임명하라. 두 사람을 각기 영동(안석임)과 영서(박사철)의 분교관分敎官에 임명하여 어린 선비들을 가르치게 하라. 관찰사에게 명하여 적절한 녹봉을 지급하도록 하라. 그리고 만일 그들이 서울에 올라올 수 있으면 올라와서 숙배肅拜(어전에 감사 인사)하도록 권하라."

안석임과 박사철 두 사람만 특전을 받은 것은 물론 아니었다. 다수의 선비들이 상을 받았다. 정조는 그들을 선발하는 절차도 낱낱이 기록하고, 선발 시험에서 주고받은 문답까지도 정리하여 한 권의 책자로 만들라고 명했다. 이름 하여 『관동빈흥록關東賓興錄』이다. 이 책자를 인쇄하여 선발된 선비들에게 한 권씩 나누어주었고, 책의 내용을 새긴 판각板刻은 원주 관아에 명하여 소중히 보관하게 했다.

정조는 그 이듬해인 1794년(정조 18) 3월 7일, 조정 대신들에게 『관동빈흥록』을 읽은 소감을 밝혔다. 아울러 그때 선발된 강원도 선비들의 실력을 칭찬했다(『일성록』참조).

"강원도에서 선발한 경전에 밝은 유생들이 쓴 책문, 곧 그들이 13경經에 관해 논의한 글을 나는 차분히 읽었노라. 밤이 깊은 줄도 몰랐다. 진실로 경전의 뜻[經義]에 이처럼 밝지 않다면 어찌 그처럼 깊이 분석할 수가 있었겠는가."

모처럼 재능 있는 시골 유생을 여럿 발굴했다는 사실에 정조는 흥분을 감추지 못했다. 1794년 6월 9일 그들을 대궐로 불러들여 직접 격려할 정도였다. 이날 정조는 여러 선비들 중에서도 특히 춘천 유생 박사철에게 주목했다. 그날의 실록에는 다음과 같은 특명이 기록되어 있다.

"도정 박사철은 지금 나이가 67세나 되어 퇴임할 세월이 멀지 않다. 지금까지 그냥 늙어온 것이 매우 안타깝구나. 그 사람이 쓸 만하다는 사실을 안 이상 어떻게 그냥 돌려보내, 실망하며 탄식하게 할 수 있겠는가. 오늘의 정사政事(관리의 평가와 임용 절차)에서 특별히 지방관 자리를 그에게 주어라. 조정에서는 평범한 사람 속에서도 인재를 구하려는 뜻이 있다는 것을 널리 알리도록 하리."

정조는 박사철이 유능한 선비라 여겼다. 그래서 능력에 걸맞은 관직을 그에게 주고 싶었다. 박사철이 등용된 사실이 전국에 널리 알려지면 초야의 선비들이 희망을 품게 될 것이었다. 그것은 정치적으로 매우 유용한 결과를 가져올 것이었다. 이는 전국적으로 성리학 공부를 촉진할 것이다. 이를 통해 천주교의 유행을 막는 데도 상당한 효과가 있을 것으로 기대되었다.

박사철은 정조의 특명에 따라 마침 공석이던 강원도 회양부사(3품)에 임용되었다. 그야말로 벼락출세였다.

스타가 된 무명의 선비 박사철

정조는 박사철이 유능한 선비임을 단번에 알아보았다. 어전에서 그에게 몇 가지 어려운 질문을 던졌는데 하나도 막힘없이 훌륭하게 답변했기 때문이다. 화제의 중심에 『중용』이 있었다. 정조의 문집 『홍재전서』에 왕과 박사철이 주고받은 문답이 실려 있다(『홍재전서』 제107권, 「총경總經」 2, 중용). 아래에 그 내용을 간추려 본다.

정조 : 『중용』의 서문에 관한 것이다. 인심이 사사롭게 되는 이유는 형기形氣 때문이라고 한다. 그러면 『서경書經』 홍범洪範에서 말한바, "공손하고 순종하며 밝게 보고 분명하게 듣는다"는 것도 인심이라고 봐야 하는가.

박사철 : 『서경』 홍범에서 말한 다섯 가지는 형질形質을 바탕으로 해서 본연의 이치를 말한 것입니다. 그것을 인심이라고 할 수

없습니다.

정조 : 도심道心이 바른 이유는 천성과 천명에 근원했기 때문이다. 그러면 『중용』 제31장에서, 포용하고 굳게 잡으며 공경하고 분별하는 것을 타고난 기질[生質]로 본 것은 왜 그런가.

박사철 : 이런 기질이 있어야 4개의 덕德(인의예지)을 온전히 갖출 수 있습니다. 더구나 '사물의 이치를 깨달아 아는 힘[文理]'과 '자세히 살피고 세밀하게 따짐[密察]'이라는 4자는 사람의 기질에 관한 것입니다. 표면에 드러난 모습과 기운[形氣]을 가리키는 것이 아닙니다.

정조 : 인심과 도심이 마음속에 섞여 있는데 또 다른 마음으로 이 둘을 살펴 본래의 마음[本心]을 지킨다고 한다. 그럼 인심도 하나의 마음이고, 도심도 하나의 마음인데, 살펴서 지키는 또 하나의 마음이 있다는 것인가.

박사철 : 인심 가운데 바른 쪽을 도심道心이라 하고, 사사로운 것을 인심이라 합니다. 이것을 살펴 본래의 마음[本心]을 지키는 것도 도심입니다. 마음이 하나인 것은 보았지만 둘이나 셋이 되는 것은 본 적이 없습니다. 인심을 사사롭다고 말하는 것은 괜찮지만, 인욕人欲이라고 부르면 안 됩니다.

정조 : 형기形氣가 사사롭다는 말은 꼭 나쁘다는 뜻이 아니다. 인욕이 사사로워진 다음에야 위대롭고 잘 보이지 않는 마음

의 승부가 판가름 난다. 선정先正('옛날의 바른 선비'라는 뜻. 여기서는 주희를 가리킨다)이 호오봉胡五峯(호굉)이 말한 천리天理와 인욕人欲에 관한 견해를 바탕으로 인심과 도심을 풀이한 것은 무슨 뜻인가?

박사철 : 호오봉이 "천리와 인욕은 가는 길이 같을 때도 그 마음이 다르다"라고 주장한 것이 참 좋습니다. 그래서 『심경心經』을 편집한 이가 그것을 머릿장[首章]에 수록했습니다. 선정이 말씀하신 구절을 인용한 것도 『심경』의 예를 따른 것입니다.

정조 : "진실로 가운데[中]를 잡는다"라고 할 때 가운데란 '일의 중간'을 뜻한다. 예부터 성현은 모두 촉발된[發] 상황에서의 '중'을 말하였다. 그런데 자사는 아직 촉발되기 이전[未發]의 '중간'을 말하였다. 『중용』은 앞 사람들이 밝히지 못한 것을 밝힌 책이다. 그런데 주희는 『중용』 서문에서 '일의 중간[中]'으로 그 연원을 증명하였다. 이것은 움직임과 고요함[動靜]의 경계에 뒤섞인 것이 아닌가.

박사철 : 자사가 아직 촉발되기 이전[未發]의 '중간'을 말한 까닭은 무엇일까요. 촉발된 상황에서 '중간'이 존재하는 것은 촉발하기 이전에 중간이 있었기 때문입니다. 그래서 이것으로 근본을 찾는 논의의 출발점으로 삼았습니다.

『중용』의 아래 장에서 언급한 시중時中, 택중擇中, 용중用中은 촉발된 상태를 말한 것입니다. 주희도 "『중용』이라는 책

이름에 나오는 중中은 시중時中의 '중'에서 가져온 것"이라
고 하였습니다. 따라서 서문에서 '일의 중간'만 언급했다고
해서 주장이 제대로 갖추어지지 않았다고 논평하는 것은
무리입니다.

정조 : 학자들이 경계하고 두려워함(계구)을 존양으로 분류하고,
홀로 있을 때를 삼감(신독)을 성찰로 분류한다. 그리하여 마
치 한 궤도에서 나온 것처럼 가르쳤다. 그러나 사계 김장생
만은 『경서변의經書辨疑』에서 '계구'는 동정動靜을 통틀어
말한 것으로 간주했다. 그는 본문의 '호기乎其' 두 글자를 인
용하여 자신의 설을 증명하였다. 이로써 심학心學에 큰 공
을 세웠다. 최근에 명나라 학자들의 글을 살펴보았다. 그들
은 '계구'를 움직임으로, '신독'을 고요함으로 나누어 보는
경향이 있었다. 그러나 주희는 이런 말을 한 적이 없었다.

박사철 : 후세의 학자들이 잘못 판단하여, '계구'를 고요할[靜] 때의
공부로만 이해하였습니다. 자사가 말한, "잠시도 떠날 수
없다"는 교훈이나 주희가 말한바, "어느 때이고 그렇지 않
음이 없다"라는 해석은 움직임과 고요함[動靜]을 아울러 언
급한 것인데, 그 사실을 몰랐기 때문입니다. 그래서 저는 존
양 공부가 움직일 때나 고요할 때에 모두 해당하는 것으로
생각합니다. 그리고 말씀하신 것처럼 김장생의 『경서변의』
가 심학에 큰 공을 세웠다고 봅니다.

정조는 놀랐다. 춘천의 무명 선비인 박사철이 주희의 『중용장구집주』에 대해 이처럼 해박한 지식을 가지고 있었기 때문이다. 그래서 박사철을 회양부사 자리에 임명했다. 왕에게 『중용』은 어떤 의미를 갖는 책이었을까.

정조가 기대한 『중용』의 역할

1798년(정조 22) 정조는 여러 신하들과 『중용』을 공부했다. 그 내용을 『중용강의中庸講義』(6권)로 정리했다. 그러고는 책의 내용을 짤막하게 논평했다. 『홍재전서』 제181권에 기록되어 있는데, 그 내용은 세 가지로 요약된다.

첫째, 『중용』에는 상달上達, 곧 형이상학적이고 고원한 내용이 유교 경전 가운데서도 가장 많다. 때문에 정자의 여러 제자들까지도 도교와 불교에 빠지는 현상이 나타났다. 『중용』을 공부하다가 도리어 도교나 불교로 넘어가는 현상이 적지 않았다. 정조는 그 점을 안타깝게 여겼다.

둘째, 그럼 『중용』의 본질은 무엇일까. 일상적인 청소와 손님 접대에서 시작하여 뜻을 정밀하게 밝히고[精義], 신의 경지에 이르기[入神]까지 실은 하나의 이치가 있을 뿐이다. 모든 것이 마음과 이치의 본질과 작용[體用]일 따름이다. 일상적이고 구체적인 공부[下學]를 무시한 채 형이상학적이고 고원한 경지[上達]로 나아가고자 하는 것은 잘못이다. 정조는 『중용』 공부를 통해 실생활에 유용한 지식과 고상하고 추상적인 고도의 학문적 세계가 하나로 이어지기를 바랐다.

셋째, 그런 점에서 정조는 평이하고 실제적인 질문을 던졌다고 말했다. 학자들이 당연히 토론해야 할 중요한 문제들을 다뤘다는 것이다. 그러므로 자신이 편집한 『중용강의』가 『중용』을 공부하는 선비들에게 필수적인 참고도서로 읽히기를 소망했다.

그 책과는 별도로 『홍재전서』 제109권에 「중용」이란 별도의 항목이 있다. 그 안에는 『중용』의 여러 가지 내용에 관해 임금과 선비들이 주고받은 문답이 보인다. 물론 정조가 사랑한 책이 『중용』 한 권만은 아니었다. 그럼에도 이 책에 걸었던 정조의 기대가 무척 컸다는 점은 의심할 여지가 없다.

그런데 여기에서 한 가지 의문이 일어난다. 정조가 신하들에게 던진 질문은 과연 평이하고 실제적인 것이었는가. 왕은 그렇다고 주장했으나, 나로서는 동의하기 어렵다. 정약용 등 초계문신들에게 물었던 「중용책」도 그렇거니와, 박사철과의 문답도 지나치게 추상적이고 형이상학적인 질문이 많았다. 또 정조가 주희의 『중용장구집주』에 철저히 얽매이고 있는 듯한 느낌도 지우기 어렵다. 실학자 이익이나 이덕무의 『중용』 연구와는 사뭇 달랐다. 어쩌면 이것이야말로 정조와 그 시대 지배층의 한계였을 것이다.

정조의 문화투쟁

정조가 『중용』을 강조한 데는 천주교의 퇴치라는 시대적 상황이 작용했다. 정조는 이른바 문체반정의 일환으로서 선비들에게 고전교육을 강조했다. 1791년부터 정조의 '문화투쟁(Kultur-Kampf)'이 격

정조 어진.
정조는 천주교를 퇴치하기 위해 『중용』을 강조했다. 또한 문체반정의 일환으로 선비들에게 고전교육을 강화했다.
이로 인해 조선의 새로운 문예운동이 크게 위축되고, 사상계도 보수 반동적인 경향이 짙어졌다.

연암 박지원 초상.
정조는 박지원이 쓴 『열하일기』를 문제 삼으며 순정한 고문을 지어 바치라고 요구했다.
박지원은 왕의 요구에 순순히 따른 덕분에 여러 벼슬을 지냈다.

렬해졌다(백승종, 『정조와 불량선비 강이천』, 푸른역사, 2011).

"천주교(서학)를 금지하려면 우선 패관잡기를 금지해야 한다. 패관잡기를 막으려면 명말청초에 작성된 문집부터 금지해야 한다."

이것이 정조의 새로운 문화정책이었다. 1792년부터 조정 대신들은 이가환 등의 '문체'를 문제 삼았다. 정조는 박지원의 『열하일기』부터가 문제라며, 기회가 있을 때마다 박지원에게 순정醇正한 고문古文을 지어 바치라고 요구했다. 일반의 지레짐작과는 달리 박지원은 왕의 요구에 순순히 따랐다. 덕분에 그는 정조 치세 동안 여러 벼슬을 역임했다.

내친 김에 정조는 중국에서 더 이상 어떠한 서적도 구입하지 말라고 명령했다(1792). 끔찍한 일이었다. 누구보다 학문을 사랑하고, 탁월한 학자였던 그가 서적의 수입을 전면적으로 금지했으니 말이다.

정조의 '문화투쟁'은 기대 이상으로 성공적이었다. '문체의 교정[文體之矯正]', 또는 '바른 문체로의 복귀[歸正]'라 불렸던 문체반정, 그 결과는 조선 사회에 또 한 겹의 어둠을 드리운 사건이었다. 활발하게 살아나는 듯 보였던 조선 사회의 새로운 문예운동이 크게 위축되었다. 조선의 사상계에도 수구적이고 보수 반동적인 경향이 더욱 짙어졌다.

그도 그럴 것이 정조는 주희의 말씀을 가려 뽑은 『주자선통朱子選統』을 고문의 전범이라 여겼고, 이미 오래전에 수명을 다한 당송팔대가의 낡은 문장을 엮어 『팔자백선八子百選』을 간행하여 선비들에게 절대적인 문장 교범으로 삼도록 요구했다. 뿐만이 아니었다. 이른바 문체가 불순한 사람은 과거시험에 응시하지 못하게 했다. 안타깝기 그지없는 조처였다.

보기에 따라서는 역겹고 수구적인 문화정책이었다. 이런 정책을 펴면서 정조는 방황하는 선비들에게 '이 사람을 보라'는 식으로 춘천의 유생 박사철을 추켜세웠던 것이다.

쓸쓸히 향리에서 늙어가던 박사철은 어전에 나아가 임금님을 뵈었고, 대단한 찬사를 받았다. 그러고는 하루아침에 회양부사라는 높은 벼슬을 얻었다. 그러나 거기까지였다. 정조의 소망과 달리 박사철은 관리로서의 재능이 부족했다.

1795년(정조 19) 4월, 박사철은 회양부사에 임명된 지 불과 몇 달 만에 벼슬에서 쫓겨났다. 그는 어이없게도 함경도 함흥과 영흥의 본궁本宮(조선 왕조의 선조를 모신 사당)에서 사용할 향축香祝을 예법대로 호송하지 못하고 탈을 냈다. 병이 있다는 이유로 감히 가마를 탄 채 향축을 호송했으니, 큰 물의가 일어났다. 당시 그것은 실로 큰 죄여서 서울로 이송되어 의금부에 수감될 정도였다(『승정원일기』, 정조 19년 3월 28일, 4월 5일 기사 참조). 박사철은 『중용』에 밝아 임금의 총애를 얻고 벼락출세했으나, 직무수행에 무능을 드러내 결국 파직되고 말았다.

그래도 정조는 박사철을 쉬 잊지 못했다. 1800년(정조 24) 3월 29일, 선비들의 문체를 고문으로 되돌리기 위해 조정에서는 주희의 시집인 『아송雅誦』과 주희의 산문집인 『주서백선朱書百選』 등을 간행했다. 그때 정조는 이 책자를 박사철과 안석임 등에게도 나누어 주라고 명했다. 그로부터 약 3개월 후 왕은 지병인 종기로 인해 먼저 세상을 떠났다.

21세기 중용의
새로운 해석을 위하여

『중용』에도 빛과 그림자가 있었다. 이 책은 시초부터 이념투쟁의 도구로 설계되었다는 사실을 이미 여러 번 말했다. 이념투쟁의 도구였기에 『중용』의 사회문화적 기여와 폐해는 더욱 두드러졌다.

유교는 초기 단계부터 사상적 적수를 만났다. 최초에는 무위자연을 설파하는 도가道家와 충돌했다. 곧이어 농가農家와도 격렬하게 부딪혔다. 그들은 스스로 재배하고 제작한 도구만 가지고 살아야 한다고 주장한 극단적인 자급자족주의자들이었다. 어디 그뿐인가. 겸애설을 펴며 유교의 차등적 예법을 공격하는 묵가와의 대결도 수월한 싸움이 아니었다. 그런 데다 엄격한 형벌로 사회 기강을 세우려 한 법가와도 일전을 벌였다. 나중에는 불교와의 사상적 대결도 피할 수 없는 일이었다.

유교 사상가들은 격렬한 사상투쟁을 치를 때마다 점차 세련된 논리를 개발했다. 세월이 흐르자 차츰 유교 특유의 형이상학적 우주관이 모습을 드러냈다. 그것은 유교의 가치관 또는 윤리관과 표리를 이루었다. 『중용』 및 그에 관한 주석 및 해설서는 그 과정에서 더욱 정교해졌다.

이런 역사적 이유로 『중용』은 유교 경전 가운데서도 가장 난해한 책으로 손꼽혔다. 여기에 더하여 송나라의 성리학자들이 지혜를 보탰고, 주희가 힘써 정리한 『중용장구집주』는 완성도 높은 경전이 되었다. 성리학자들은 이 책을 무기 삼아 도교와 불교를 제압하는 데 성공했다. 이후 중국 사회는 성리학을 국가적 이념으로 채택했다.

성리학 국가인 조선에서는 『중용』이 과연 어떤 역할을 담당했을까. 이 책에서 나는 그 질문에 답하기 위해 여러 가지 기록을 분석했다. 그 결과를 네 가지로 요약하고 싶다.

첫째, 『중용』의 가치와 효용에 관한 것이다. 책을 쓰는 동안 나는 그 점을 숙고했다. 둘째, 그 책으로 인해 조선 사회에 드리운 이념 갈등의 암울한 그늘에는 무엇이 감춰져 있었을까. 이 역시 반드시 해명해야 할 문제다. 셋째, 조선 말기 엄청난 사회적 혼란과 문화적 충격 속에서 일부 사람들은 『중용』을 완전히 새로운 차원에서 재해석했다. 그 점 역시 나는 중요하다고 생각한다. 끝으로, 21세기의 한국 사회는 『중용』에서 무엇을 얻을 수 있을까, 하는 질문이다. 이제 한 권의 책을 마치는 마당인 만큼, 이 물음에 대해서도 나의 입장을 간단히 밝혀야 할 것이다.

『중용』의 가치와 효용

한 가지 사실은 명백하다. 조선 초기 선비들은 불교세력을 공격했고 그들을 약화시키는 데 성공했다는 점이다. 『중용』은 그 과정에서 중요한 역할을 했다. 세종 대 유교 경전에 관한 연구 수준이 크게 높아진 덕분이었다. 세종의 둘째 아들 세조는 『중용』 전문가로 자임할 정도였다.

세종과 세조는 개인적으로 불교를 신봉했다. 그러나 그들의 치세 동안에 유생들은 성리학에 관한 교육을 충실히 받았고, 드디어는 불교를 강도 높게 비판했다. 유생들은 왕실과의 충돌도 회피하지 않았다. 그들은 조정 대신들 가운데서 불교를 옹호하는 인물을 찾아내 강하게 압박했다. 그로 인해 대신 정인지와 집현전 학사 김수온 등이 곤경에 빠졌다.

두 진영 사이에 몇 차례 공방전이 벌어졌으나, 승부는 명백했다. 성종 대를 고비로 불교세력은 조정에서 완전히 축출되었다. 이후 성리학자들은 조선의 사회문화적 주도권을 완전히 장악했다.

그들은 『중용』을 토대로 이상국가를 건설하고자 했다. 16세기 조광조는 신진사류를 대표해 한때 조정을 장악했다. 측근 가운데는 『중용』 전문가 김식이 있었다. 훈구파는 자신들의 지위를 강화하려고 『중용』을 의도적으로 왜곡했다. 그들은 조정 대신인 자신들의 권력을 강화하기 위한 수단으로서 『중용』을 인용하는 데 그쳤다. 그와 대조적으로 조광조 등은 홀로 있을 때를 삼간다(신독, 또는 근독)는 등의 도덕적 가치를 강조하는 데 역점을 두었다.

조광조가 이끈 기묘당이 숙청되자 신진사류는 허탈감에 빠졌다. 그들은 초야에 묻혀 학문을 닦았는데, 그 과정에서 형이상학적 세계를 발견했다. 그 시발점이 『중용』이었다. 이 책을 통해 선비들은 우주관과 세계관이 확대되는 경험을 했다. 그들은 자신들의 정치적 위기를 도약의 기틀로 삼아, 심성론心性論과 이기설理氣說이란 영역을 새로 개척했다. 이로써 조선의 성리학은 고매하고 심원한 사상으로 더욱 발전했다.

그러나 16세기 말부터 조선 사회는 총체적 위기를 맞았다. 임진왜란과 병자호란을 연달아 겪으면서 선비들은 대안을 모색했다. 그들은 구체적이고 실질적인 대책을 마련하고자 노력했다. 스승과 선배들이 닦아놓은 형이상학적 토대를 유지하면서도 거기에 실천적 성격을 부여하는 것이었다. 김장생 등이 주도한 예학적 질서 수립이 바로 그것이었다.

학문의 발전이 거듭되자 17~18세기 조선 왕실에도 큰 변화가 일어났다. 영조와 정조는 '군사君師'로 성장했다. 그들은 임금이자 최고의 스승으로서 국정을 장악했다. 두 임금은 여러 당파 위에 초월적으로 군림하며, 왕의 존엄을 드러내기 위해 다각적으로 노력했다. 그때도 『중용』의 역할이 있었다.

특히 정조는 주희의 관점에서 『중용』의 구조와 성격을 완벽하게 이해했다. 그는 한 시대를 대표하는 성리학자로서, 선비들과의 논쟁에서 한 치도 밀리지 않았다. 정조는 성리학적 순수성을 함양하기 위해 신하들을 직접 지도할 정도로 뛰어난 실력자였다.

그러나 주류 학계의 움직임과는 완전히 상반된 『중용』 해석도 나타났다. 형이상학에 대한 거부감을 표명하는 학자들이 있었던 것이다. 그 흐름을 대표하는 이로는 윤휴, 이익, 정제두, 홍대용, 정약용, 김정희 등이 손꼽힌다. 그들은 기존의 성리학에 대한 비판의 칼을 휘둘렀다. 그들의 노력으로 조선 사회의 학문적 스펙트럼은 더욱 넓어졌다.

이념의 함정

15세기 이후 조선 사회에는 『중용』의 열풍이 거셌다. 그러나 그늘도 깊었다. 17세기 초까지는 아직 부작용이 별로 심하지 않았다. 학문적 자유가 널리 보장되어 다양한 해석이 나오는 상황이었다. 이황과 더불어 조선 성리학계의 쌍벽을 이루는 이이조차 주희의 『중용장구집주』에 오류가 있다고 공개적으로 언명했다. 조익 같은 학자도 주희의 학설과는 거리가 있는 주장을 폈다. 그래도 아무런 문제가 일어나지 않았다.

그러나 17세기 후반부터 사정이 달라졌다. 전쟁을 거치면서 체제 위기가 깊어지자, 사회문화 전반에 걸쳐 보수화의 경향이 심해졌다. 엄격한 사상 통제가 일상의 풍경이 되었다. 『중용』에 대한 자유로운 해석이 '사문난적' 시비를 불러일으킬 정도였다. 윤휴를 필두로 박세당, 윤증 부자 등이 이런 시비에 휘말려 고난을 겪었다. 그 와중에 숙종은 시비를 판단하는 막강한 권한을 행사했다. 그로 말미암아 당파 간의 싸움이 더욱 고질화되었다.

숙종의 아들 영조는 부왕의 경험을 반성했다. 그는 사문난적의 시비에 다시는 휘말려들지 않았다. 덕분에 일종의 소강상태가 찾아왔다. 그러나 정조 치세가 되자 분위기는 다시 반전했다. 천주교가 들어오면서 사회문화적 갈등이 심화되었기 때문인데, 실증적이고 비판적인 이익의 학통을 이어받은 권일신이 '태풍의 눈'이었다. 권일신이 바로 천주교 신자였으므로, 사회적으로 큰 물의가 일었다. 그러자 정조는 천주교의 기세를 누르기 위해 '정학正學'인 성리학을 더욱 강조했다.

정조는 『중용』에 명시된 성리학적 우주관 및 세계관에서 문제의 해결책을 발견하고자 했다. 왕은 박사철과 같은 시골의 무명 선비를 발굴하여, 자신의 정책에 활기를 불어넣고자 했다. 그런 점에서 정조가 주도한 '문체반정'과 '정학'의 육성은 불가분의 관계였다.

이런 가운데 18세기 후반 조선 사회에는 사상적 보수성이 더욱 체질화되었다. 개혁과 개방의 의지가 크게 퇴조했다. 후세가 명군名君이라 기리는 정조의 치세에도 이처럼 짙은 어둠이 깔려 있었다.

정조가 정력적으로 추구한 '정학(성리학)'의 육성은 역사에 어떤 유산을 남겼을까. 이항로와 최익현 등으로 이어지는 화서학파의 성장이 주목된다. 또 기정진 같은 호남의 유학자들도 우리의 관심을 끈다. 그들은 위정척사衛正斥邪의 기치를 높이 들었고 나중에는 목숨을 건 의병투쟁으로 나아가기도 했다. 그들은 끝까지 국권을 수호하고 문화적 정체성을 지키기 위해 싸웠다. 그들에게는 국권 수호라는 긍정적인 부분도 있었다. 그러나 새로운 문화와 사상을 받아들이는 데 걸림돌이 되었다는 점에서 부정적인 면이 적지 않았다.

중용, 조선을 바꾼
한 권의 책

한 사회가 특정 이념에 몰입하는 것은 과연 좋기만 한 것일까. 국가가 특정한 이념을 강화하기 위해 총력을 기울인다면 과연 득이 많을까. 1990년을 전후해 와르르 무너진 동구권 국가들, 즉 현실사회주의 노선을 걷던 소련, 폴란드, 체코, 헝가리 등의 패망 원인을 뒤돌아보는 것이 좋겠다.

나는 그때 서독에 살고 있었다. 내가 보기에 그들 나라가 붕괴한 한 가지 원인은, 철저한 감시체제를 운영하기 위해 지불한 사회적 비용이 막대했던 데서 찾아볼 수 있을 것 같았다. 철통같은 폐쇄사회에서는 날이 갈수록 부정부패가 심해진다. 그러면 사회 구성원들은 변화와 개혁의 희망을 완전히 잃어버리기 마련이다. 이념에 대한 과도한 집착은 세상을 비인간적으로 만드는 원흉이다. 조선 왕조의 경우도 다르지 않았다고 생각한다.

새로운 하늘

18세기 이후 조선의 지배층이 더욱더 완고한 보수성으로 무장하자 초유의 사태가 일어났다. 역사적 변화를 이끌 새로운 이념이 서서히 형성되기 시작한 것이다. 이른바 '정감록' 반란 사건이 자주 일어났고, 그때마다 평민들이 역사의 전면에 부상했다. 풍수지리, 의학, 점술에 관심을 가진 '평민 지식인들'이었다. 그들은 성리학적 지식도 어느 정도 가지고 있었다. 그들은 여러 종류의 지식을 융합해 새로운 가치관을 형성했다(백승종, 『정조와 불량선비 강이천』, 푸른역사, 2011 참조).

그것을 하나의 체계적인 사상으로 융합한 것이 동학이다. 그리고 동학의 전통을 이어받은 것이 증산교와 원불교 등의 신종교였다. 그들은 물론 종교 조직이었으나 실제로는 사회문화적 주도권을 장악한 신흥세력이었다. 나는 지금 1894년의 동학농민운동은 물론이고, 100년 전(1919) 3·1운동의 주체가 종교인들이었다는 사실을 염두에 두고 이런 말을 하는 것이다.

한 마디로 19~20세기 초반의 종교인들은 오늘날의 성직자들과는 성격이 달랐다. 그때의 종교인들은 정치사회운동의 구심점이었다. 정치적 이념에 대한 통제가 강하면 강할수록 사람들은 종교를 탈출구로 삼기 마련이다. 예컨대 20세기 후반 동구권이 무너질 때도 폴란드의 가톨릭이 중요한 역할을 담당했다.

동학은 『중용』의 하늘을 새롭게 해석했다. 그들에게는 사람이 곧 하늘이었다. '천주를 섬기라[侍天主]'는 최제우의 말은 그런 점에서 의미심장했다. '천주를 봉양하라[養天主]'는 최시형의 말 역시 새로운 세계관으로 가는 첩경이었다. 또한 최시형은 '이천식천以天食天' 이라 하여, 사람이 하늘로서 벼나 보리 같은 하늘을 먹는다고도 말했다. 만물이 다 하느님이요. 너도 하느님, 나도 하느님, 사람도 물건도 본질적인 차이나 구별이 없다는 선언이었다. 이런 판국이라 여성과 남성의 차이가 사라졌고, 신분과 나이를 초월한 지존의 가치를 가진 것이 바로 사람이라는 설명이 가능해졌다. 『중용』에 언급된 하늘과 사람이 하나 된 경지(천인합일)가 새롭게 정의되었다고 하겠다. 이에 수만을 헤아리는 평민들이 불과 수년 사이에 동학에 입문했다.

신종교가 창출한 새로운 세계관의 특징은 무엇일까. 20세기 전반 원불교를 창시한 소태산 박중빈은 이렇게 말했다. "물질이 개벽되니 정신을 개벽하자." 그는 개벽의 시간이 왔다고 선언했다. 완전히 새 세상을 만들자는 부르짖음이었다. 물질적 근대화에 그치지 말고, 정신적 혁명을 일으켜야 한다는 주장이었다.

개벽이란 말이 대중에게 널리 알려진 것은 1920년대였다. 동학의 뒤를 이은 천도교가 간행한 잡지의 이름이 『개벽』이었다. 이 잡지는 1920년 6월에 창간되어 1926년 8월, 일제에 의해 강제로 폐간될 때까지 모두 72호가 나왔는데, 대중에게 정치·사회·문화적 각성을 촉구했다. 박중빈의 개벽 주장은 바로 그 잡지의 연장선상에 있었다.

생태주의의 길

그로부터 다시 80년이 넘는 세월이 흘렀다. 21세기 한국 사회에서 『중용』은 무슨 의미를 가질까. 이제야말로 또 한 번의 새로운 해석이 필요한 시점이 아닐까.

알다시피 우리가 사는 지구의 환경은 지나치게 파괴되었다. 사회 정의도 실종되어, 많은 사람들이 인류의 공멸을 염려하는 단계가 되었다. 길게 말할 필요도 없이 지구온난화와 이산화탄소로 지구가 몸살을 앓고 있는 것이 엄연한 사실이다. 날이면 날마다 우리는 미세먼지를 걱정하고, 오염된 지하수와 농약 묻은 먹을거리를 두려워한다. 산업화가 고도화될수록 실업률은 더욱 높아가고, 계층 간의 소득 차이도 갈수록 벌어진다.

지금이야말로 새로운 우주관이 절실히 필요하다는 외침도 여러 곳에서 들린다. 인간 중심의 사고는 오래전에 한계를 드러낸 상태다. 이대로라면 인간은 결국 지구의 파괴자로 전락하고 말 가능성이 적지 않다.

『중용』에 따르면 하늘과 땅, 만물과 사람은 하나로 연결된 존재다. 그런데 우주만물에는 어디나 불가분의 도리가 있다. 인간이 이 도리를 깨쳐 정성껏 실천에 옮기면 천지만물이 제자리를 되찾고, 천지와 함께 평화를 누리며 사물을 온전히 기를 수 있다. 『중용』은 그렇게 해석될 수도 있다. 자기중심적 사고방식에서 완전히 벗어난 진정한 인간이 그립지 않은가.

『중용』이 선언적으로 명시한 사고방식을 내면화한 이가, 20세기 후반의 한국 사회에도 존재하기는 했다. 무위당 장일순이 그런 사람이었다. 그는 한 알의 곡식에 우주가 담겨 있다고 천명했다. 그의 길은 동학의 제2대 교주 해월 최시형의 사상적 전통을 계승한 것이었다. 노자와 공자, 예수와 부처의 길도 그는 아울러 실천하려 했다고 생각된다. 장일순은 위대한 스승들의 가르침을 하나로 융합해 생명을 살리는 새로운 사상을 길러내고 싶었던 것은 아닐까. 장일순이 서슴없이 나아간 그 길은, 일찍이 유영모와 함석헌이 개척한 인생의 새 길과도 일맥상통했다. 그들은 모두 『중용』을 현대적으로 해석한 사람들이었다. 이로써 평화와 생명운동이 새롭게 일어날 전기를 마련했던 것이다.

지난 2천 년의 역사를 돌아보면 한 가지 사실이 분명하게 다가온다. 『중용』은 위기의 시대마다 늘 새롭게 해석되었다는 점이다. 21

세기라고 무엇이 크게 다를까. 새 시대의『중용』해석은 소수의 기득권 세력을 옹호하려는 뜻에서가 아니라, 생명을 존중하는 모든 이의 평화를 위한 헌장을 되새기는 작업이기를 바란다.

　나는 그와 같은 길에서 멀리 벗어난 평범한 시민이요, 역사 저술가다. 하지만 이 글을 읽은 독자 가운데는 새 시대를 이끌 웅혼한 정신과 강한 실천력을 지닌 분들이 많을 줄로 믿는다.

참고문헌

『대학 중용장구집주—개정증보판』, 동양고전국역총서 3, 성백효 역, 전통문화연구회, 2010.

『대학·중용강설』, 사서삼경강설 시리즈 1, 이기동 역, 성균관대학교 출판부, 2006.

『승정원일기』, 민족문화추진회 편, 1967~2011.

『일성록』, 민족문화추진회 편, 1998~2016.

『조선왕조실록』, 국사편찬위원회 편, 1986.

김장생, (국역) 『사계전서』 1-6, 민족문화추진회, 2000~2006.

송시열, 『송자대전』 1-16, 민족문화추진회, 1985~1995.

윤휴, 「중용주해」; (신편 국역) 『백호전서』 1-11, 민족문화추진회, 2008.

이규경, (신편 국역) 『오주연문장전산고』 1-6, 민족문화추진회, 2008.

이언적, 『중용구경연의』, 1583.

이익, (신편 국역) 『성호사설』 1-15, 민족문화추진회, 2007.

정약용, 『定本與猶堂全書, 6: 대학 공의; 대학 강의; 소학 지언; 심경 밀험; 중용 자 잠; 중용 강의보』, 다산학술정보재단, 2012.

정조, (국역) 『홍재전서』 1-20, 민족문화추진회, 1998.

강명관, 『성호사설』, 웅진씽크빅, 2009.

금장태, 「'중용'의 체제와 도의 기본구조―다산과 荻生徂徠의 '중용' 해석」, 『東亞文化』 40, 서울대학교 동아문화연구소, 2002.

금장태, 「지욱智旭의 불교적 '중용' 해석」, 『종교와 문화』 제12호, 서울대학교 종교문제연구소, 2006.

김미영, 「류건휴柳健休(1768~1834)」의 중용관―'이학집변異學集辨'에 나타난 선불교 비판을 중심으로」, 『국학연구』 29, 한국국학진흥원, 2016.

김영일, 『다산의 상제사상 연구: 그의 '중용' 해석을 중심으로』, 건대 박사논문, 2000.

김유곤, 「간재 전우의 '중용' 해석의 특징」, 『동양철학연구』 65, 동양철학연구회, 2010.

김현수, 「사계沙溪 김장생金長生의 '경서변의經書辨疑·중용中庸' 연구」, 『韓國思想史學』 48, 한국사상사학회, 2014.

남윤덕, 「正祖代 學術動向을 통해 본 尹行恁의 '薪湖隨筆' '中庸' 解釋의 特徵과 그 의미」, 『대동문화연구』 86, 성균관대학교 대동문화연구원, 2014.

민황기, 「남당 한원진의 '중용'관과 인성론적 근거」, 『儒學研究』 31, 충남대학교 유학연구소, 2014.

박원재, 「하곡 정제두의 '중용' 해석의 특징」, 『국학연구』 1, 한국국학진흥원, 2002.

박재휘, 「'중용'의 강함[强]에 대한 주희와 정약용의 해석」, 『태동고전연구』 31, 한림대학교 태동고전연구소, 2013.

백민정, 「茶山의 '中庸講義(補)' 條對 내용 분석: 正祖 '經史講義·中庸' 御製條問 및 기타 條對와의 비교를 중심으로」, 『東方學志』 제147집, 연세대학교 국학연구원, 2009.

백승종, 『대숲에 앉아 천명도를 그리네: 16세기 큰선비 하서 김인후를 만나다』, 돌베개, 2003.

백승종, 『생태주의 역사강의』, 한티재, 2017.

백승종, 『정조와 불량선비 강이천』, 푸른역사, 2011.

백승종, 『신사와 선비』, 사우, 2018.

백승종, 『동학에서 미래를 배운다』, 들녘, 2019.

서경요, 「韓國儒學에서 '中庸'. 해석학의 역할」, 『儒教文化研究』 제12집, 성균관대학교 동아시아학술원 유교문화연구소, 2008.

서근식, 「中庸」 16章 '鬼神章'에 대한 비교 연구—朱子·王夫之·伊藤仁齋·丁若鏞을 중심으로」, 『儒敎文化硏究』 8, 성균관대학교 유교문화연구소, 2004.

서은숙, 「中庸」의 天人心性合一修養論」, 『동양고전연구』 제35집, 동양고전학회, 2009.

송정숙, 「『大學衍義』가 朝鮮朝 統治理念書 편찬에 미친 영향— '中庸九經衍義'와 '洪範衍義'를 중심으로」, 『書誌學硏究』 제12집, 서지학회, 1996.

송정숙, 「『大學衍義』가 朝鮮朝 統治理念書 편찬에 미친 영향—「中庸九經衍義」와 「洪範衍義」를 중심으로」, 『書誌學硏究』 제12집, 書誌學會, 1996.

엄연석, 「韓國經學資料集成' 소재 '中庸' 註釋의 특징과 그 연구방향」, 『大東文化硏究』 49, 성균관대학교 대동문화연구원, 2005.

엄연석, 「규장각 소장본을 통해 본 조선 중·후기 '중용' 연구 경향」, 『한국문화』 74, 서울대학교 규장각한국학연구원, 2016.

엄연석, 「조선 전기 '중용' 이해와 퇴계 '중용석의中庸釋義'의 해석 특징」, 『국학연구』 25, 한국국학진흥원, 2014

유연석, 「李珥의 人性論: '中庸'에 입각한 '孟子'의 재정립」, 『韓國文化』 35, 서울대학교 한국문화연구소, 2005.

이광호, 『중용강의보中庸講義補』와 『중용자잠中庸自箴』을 통하여 본 다산茶山의 성성의 철학」, 『다산학』 제7호, 다산학술문화재단, 2005.

이원택, 「유교적 공론장으로서의 경연과 유교지식인의 정체성—효종 대 산림의 '중용'·'심경' 강의를 중심으로」, 『泰東古典硏究』 33, 한림대학교 태동고전연구소, 2014.

이지형, 「中庸' 註釋을 통해 본 茶山의 經學」, 『朝鮮後期 經學의 展開와 그 性格』, 성균관대학교 대동문화연구원, 1998.

이지형, 「晦齋의 經學思想—'大學章句補遺'·'中庸九經衍義'를 中心으로」, 『李晦齋의 사상과 그 세계』, 성균관대학교 대동문화연구원, 1992.

이천승, 「南塘 韓元震의 '中庸' 註釋에 관한 연구」, 『韓國思想史學』 제13집, 한국사상사학회, 1999.

이해영, 「洪大容의 '中庸章句' 批判」, 『朝鮮後期 經學의 展開와 그 性格』, 성균관대학교 대동문화연구원, 1998.

장병한, 「포저 조익의 중용사감에 대한 연구[1]—"중용"과 "비은"의 해석을 중심으로」, 『한국교육연구』 19, 한국한문교육학회, 2002.

정성식, 「洪大容의 '中庸問疑'에 관한 연구」, 『溫知論叢』 제19집, 온지학회, 2008.

정일균, 「茶山 丁若鏞의 '中庸'論」, 『泰東古典研究』 제15집, 한림대학교 태동고전연구소, 1998.

최석기, 「南圃 金萬英의 '中庸' 해석과 그 의미」, 『한문학보』 23, 우리한문학회, 2010.

최석기, 「陽村 權近의 '中庸' 解釋과 그 意味」, 『南冥學研究』 17, 경상대학교 남명학연구소, 2004.

최석기, 「조선시대 '중용' 해석의 양상과 특징—圖說을 중심으로」, 『南冥學研究』 60, 경상대학교 경남문화연구원 남명학연구소, 2018.

Doctrin of the Mean(The Confucian Way to Achieve Equilibrium), Musaicum, 2017.

중용, 조선을 바꾼 한 권의 책

초판 1쇄 발행 2019년 7월 15일
초판 4쇄 발행 2024년 12월 27일

지은이   백승종
펴낸이   문채원
편집   오효순

펴낸곳   도서출판 사우
출판   등록 2014-000017호
전화   02-2642-6420
팩스   0504-156-6085
전자우편   sawoopub@gmail.com

ISBN 979-11-87332-38-1 03910

• 이 도서의 국립중앙도서관 출판예정도서목록(CIP)은 서지정보유통지원시스템 홈페이지
  (http://seoji.nl.go.kr)와 국가자료종합목록 구축시스템(http://kolis-net.nl.go.kr)에서 이용하
  실 수 있습니다. (CIP제어번호 : CIP2019021867)
• 저작권자와 연락이 닿지 않아 허락을 받지 못하고 사용한 사진이 있습니다.
  확인이 되는 대로 적법한 절차를 따르겠습니다.